Inhalt

Vorwort

Katastrophen sind interessant; Befürchtungen langweilig. Die Mutter nervt, wenn sie ihre Kinder nur mit einem »Passt auf!« die Autofahrt antreten lässt. Wenn dann auf der Autobahn tatsächlich etwas passiert ist, stauen auf der Gegenfahrbahn die Schaulustigen den Verkehr.

Wir sind derart von Gefahren umgeben, dass wir sie grundsätzlich verdrängen und sie uns nur widerwillig eingestehen. Eine dieser Gefahren betrifft die Stabilität der Welt, wie wir sie kennen, wie sie sich in der Art eines riesigen Transportmittels um uns herum aufgebaut hat, ein die Erde umspannendes System mit mentalen und materiellen Komponenten, das wir meist »globalisierte Wirtschaft« nennen. Wir wissen viel zu wenig über das Innenleben und die Beweglichkeit dieser Struktur. Nur eines ist klar: Sie ist instabil, sie kann in der bisherigen Bewegung nicht fortfahren. Wenn sie das tut, steuert sie auf einen Systemabsturz zu.

Die Großkatastrophe fehlt bisher; es gibt nur kleine, sich vielleicht etwas häufende Hinweise auf sie, die dann tage- oder wochenlang die Medien beschäftigen. Die Ödnis und Langeweile der Mahnungen erleben wir jeden Tag. So bittet der Autor, ihm zu verzeihen, dass er eine lang vergangene Katastrophe benutzt, um die geläufigen Mahnungen etwas interessanter zu machen. Wenn wir die Konsumgesellschaft mit der *Titanic* vergleichen, wählen wir ein krasses Bild. Wenn dieses Bild unsere Fantasie in die hier vorgeschlagene Richtung lenkt, fordern wir von den Konstrukteuren, ein Schiff zu bauen, das sich in taugliche Rettungsflöße auflöst, ehe es untergeht. Mit weniger Komfort, aber heiler Haut könnten dann Passagiere und Mannschaft ein Ufer suchen oder Rettung abwarten.

Eine derart wandelbare, sich dem Rückbau öffnende Großtechnik, die in Gefahr und Auflösung brauchbare Einzelteile und nicht nur verseuchten Schrott liefert, wäre dringend zu wünschen. Wir werden uns in den nächsten 100 Jahren in einem bisher noch kaum vorstellbaren Maß nicht nur mit Katastrophen, sondern auch mit Transformationen beschäftigen müssen. Diese werden sicher nicht so zielbewusst und stimmig ablaufen wie in den Hollywood-Filmen über die »Transformers«, in denen sich aus Autos oder Flugzeugen humanoide Giganten bilden, die in guter oder böser Mission die Erde heimsuchen.

Die Katastrophe der Fregatte *Medusa* aus dem Jahr 1816 scheint mir erheblich aussagekräftiger als die der *Titanic*. Die *Titanic* sank schnell, von einem Eisberg aufgeschlitzt, der mehr oder weniger unvorhersehbar ihren Weg kreuzte. Der Kapitän reagierte besonnen und professionell. Das Floß der Medusa hingegen ist ein Lehrbeispiel für die Verleugnung vermeidbarer Gefahren und den Zerfall sozialer Strukturen unter dem Druck von Eitelkeit und Egoismus. Deshalb scheint es mir so lohnend, sich mit dieser Geschichte zu beschäftigen und nicht nur nach ihren Hintergründen zu forschen, sondern auch deren Bedeutung für unser Überleben festzuhalten.

Einleitung: Das Floß der Medusa

Der Mensch, nicht der Strauß steckt angesichts einer Gefahr den Kopf in den Sand.

Unter den kritischen Aussagen zu unserer Konsumgesellschaft stimmt mich jene besonders nachdenklich, in der uns klargemacht wird, dass wir zu ihrem Betrieb mindestens drei (Europa), ja sogar sechs (USA) Planeten von der Größe der Erde bräuchten, um nicht mehr zu verbrauchen als nachwächst. Die globalisierte Konsumgesellschaft muss also scheitern. So macht es – jenseits aller gesamtgesellschaftlich relevanten Fragen – Sinn, sich als Individuum, als Mensch schon jetzt vorzubereiten und sich Gedanken darüber zu machen, welche psychologischen Voraussetzungen uns helfen können, uns als Individuen in Sicherheit zu bringen, an Provisorien zu denken, die weiterhelfen, wenn diese Struktur zerbricht.

Was dann an Trümmern auf uns zutreiben wird, ist unmöglich vorauszusehen. Aber sollten wir nicht das Mögliche tun, uns geistig und emotional auf den Bau von Rettungsflößen vorzubereiten? Wie schwierig diese Aufgabe sein kann, zeigt der Bericht über das »Floß der Medusa«, im Gedächtnis der Menschheit erhalten durch Théodore Géricaults meisterhaftes Gemälde aus dem Jahr 1819.

Die dazugehörige Geschichte ging so: Die Fregatte *Medusa* wurde im April 1807 auf Kiel gelegt, rund 100 Jahre vor der *Titanic*, die 1912 vom Stapel lief und auf ihrer Jungfernfahrt sank. Beide Schiffskatastrophen sind Lehrstücke für die menschliche Unfähigkeit, Gefahren einzuschätzen. Die *Titanic* ist bekannter geworden als die *Medusa*, aber die französische Fregatte und ihre Besatzung erzählen eine reichere Geschichte, die jüngst in einer kommentierten Ausgabe des Berichts zweier Überlebender wieder zugänglich gemacht wurde.[1]

Die ritterlich gemeinte Geste »Frauen und Kinder zuerst« führte dazu, dass die befehlshabenden Offiziere der sinkenden *Titanic* Männer nicht einsteigen ließen, obwohl es an manchen Stationen gar nicht genug Frauen und Kinder gab, um alle Plätze zu besetzen. Später suchten die halbleeren Boote das Weite, statt schwimmende Opfer zu bergen: Die Besatzungen fürchteten, durch zu viele Schiffbrüchige überlastet zu werden. Diese Geschichte wird auch über das Wrack der *Medusa* erzählt: eine Geschichte von der Angst derer, die sich in Sicherheit bringen vor dem Neid und der Wut der Zurückgelassenen.

Wie die *Titanic* zählte auch die *Medusa* zu den modernsten und schnellsten Schiffen ihrer Zeit. Nach Napoleons Verbannung brachte sie 1816 Julien Schmaltz, den neuen Gouverneur des Senegal, in diese Kolonie, die soeben an die bourbonischen Könige zurückgegeben worden war. In Paris ebenso wie in ganz Frankreich waren die Gegensätze zwischen den Funktionsträgern der napoleonischen Herrschaft und denen der Restauration des Königs unversöhnt; die Katastrophe der *Medusa* wurde nicht nur durch diese Gegensätze ausgelöst, sondern auch entlang ihrer Konflikte interpretiert. Die Kritik am Verhalten des Kapitäns der *Medusa* und der Admiralität wurde von den fortschrittlichen bürgerlichen Zeitungen besonders energisch vorgetragen.

Zu den Gefahren der westafrikanischen Küsten zählen Sandbänke, die vor der Nordküste des Senegal mehr als 30 Seemeilen in den Atlantik hineinragen. Die *Medusa* sollte im Verband mit drei anderen Schiffen segeln, damit man sich in Notfällen helfen konnte. Aber sie war das schnellste Schiff, und der künftige Gouverneur an Bord wollte möglichst rasch ankommen. So wurde das in unsicheren Gewässern lebensrettende Segeln im Konvoi aufgegeben.

Der Kommodore der kleinen Flotte und Kapitän der *Medusa*, Hugues Duroy Vicomte de Chaumareys, war ein Günstling des neuen feudalen Regimes – allerdings von zweifelhafter Vergangenheit. Er hatte den bourbonischen Königen im Exil die Treue gehalten und bombardierte den Hof mit Briefen, in denen er seine Verdienste und Opfer schamlos übertrieb. Er verlangte nach einem Kommando, obwohl er seit Jahrzehnten kein Schiff mehr betreten hatte und keinerlei Führungserfahrung hatte.

Die Offiziere an Bord hingegen waren erfahrene Seeleute aus napoleonischer Zeit, leistungsorientiert, von bürgerlicher Herkunft und nicht bereit, Eitelkeit und Inkompetenz eines adligen Kapitäns mit dem Gleichmut der Diener eines Feudalherrn hinzunehmen. Statt diese Konflikte zu versachlichen und die Fähigkeiten seiner Mannschaft zu nutzen, trieb sie der Vicomte auf die Spitze, blamierte sich durch ungeschickte Manöver und machte sich von einem Schmeichler abhängig, der noch weniger nautische Erfahrung hatte als er.

Dieser Antoine Richefort behauptete, die afrikanische Küste zu kennen und genau zu wissen, was er tat. Er stand dem Kapitän politisch nahe und sollte in Saint Louis im Senegal das Amt eines Hafenmeisters bekleiden. Er wusste dem Kapitän zu schmeicheln und war als Seemann ebenso unfähig wie dieser.

An Bord der *Medusa* befanden sich insgesamt rund 400 Menschen: 166 Seeleute, ebenso viele Soldaten sowie 61 Passagiere. Die Offiziere an Bord beschwerten sich über die riskanten Anordnungen von Richefort. Der Kapitän reagierte empört und ernannte Richefort zum Steuermann, dessen Anordnungen alle Dienstgrade Folge zu leisten hatten. Statt in sicherer Entfernung auf dem offenen Meer zu segeln, entschied sich Richefort für einen Kurs entlang der Küste. Der Kommodore und sein selbst ernannter Lotse trafen keinerlei Vorkehrungen, den Konvoi zusammenzuhalten. So waren sie auf der *Medusa* ganz allein, als sie in gefährliche Nähe einer Sandbank gerieten und das Wasser eine andere Färbung annahm. Ungewohnte Pflanzen und Fische verrieten, dass man sich Untiefen näherte.

Der diensthabende Leutnant ließ loten, obwohl de Chaumareys dies für unnötig hielt. Am frühen Nachmittag wies das Meer nur noch eine Tiefe von 18 Faden auf – gute 30 Meter. Jetzt wollte der Steuermann den Kurs korrigieren. Bei der nächsten Lotung maß man 6 Faden – nur noch 10 Meter! Aber noch bevor der Kommodore weitere Befehle geben konnte, erschütterte ein knirschender Ton das Schiff, Planken rissen, und Teile der Takelage stürzten aufs Deck. Die Fregatte saß fest, zum höchsten Gezeitenstand, was die Hoffnung zerstörte, bei der nächsten Flut das Schiff wieder freizubekommen.

Das Ruder war blockiert, der Kiel hatte sich tief in den Sand gebohrt, Planken waren gebrochen, aber noch konnten die Pumpen das Eindringen von zu viel Wasser verhindern. Die Seeleute hatten eine letzte Möglichkeit, das Schiff zu retten: Es galt, einen Anker mit dem Beiboot dorthin zu transportieren, wo das Wasser tief genug war, ihn auszuwerfen, die Flut abzuwarten und die *Medusa* mit Hilfe der Ankerwinde von der Untiefe zu ziehen.

Um diese Chance zu nutzen, musste das Schiff leichter werden. Was nicht lebensnotwendig war, musste über Bord. Aber der Kommodore wollte auf keinen Fall die Kanonen und Kugeln preisgeben. Der Gouverneur untersagte, die Mehlfässer über Bord zu werfen.

Die Besatzung war demotiviert und in sich uneins. Der Kapitän hatte einen Aufschneider zum Steuermann ernannt und die Gefahren der Sandbänke ignoriert, bis er auf einer festsaß. Er wurde nicht mehr respektiert. Der Gouverneur Schmaltz suchte die Lücke zu füllen, verstand aber nichts von Seefahrt und dachte vor allem daran, Passagiere und Mannschaft mit falschen Versprechungen bei Laune zu halten. Die Disziplin an Bord drohte sich aufzulösen. Saint Louis war im Prinzip nur noch zwei Tage entfernt, aber Duroy Vicomte de Chaumareys konnte sich ebenso wenig wie der künftige Gouverneur entscheiden, Hilfe zu holen oder mit den Beibooten die Passagiere an Land zu bringen.

So verging kostbare Zeit mit Warten und vergeblichen Versuchen, die immer noch viel zu schwere *Medusa* freizuwarpen. Am Abend des 4. Juli fiel ein Sturm über die festsitzende Fregatte her.

Der Kiel brach, die Pumpen versagten. Aber viel verhängnisvoller war der menschliche Faktor: Die Soldaten meuterten und drohten, jeden zu erschießen, der sich mit einem der Boote in Sicherheit bringe und sie zurücklasse. Diese Truppe unterstand nicht dem Kapitän, sondern dem künftigen Gouverneur Schmaltz. Dieser beruhigte die Soldaten mit dem Schwur, dass er niemanden zurücklassen werde. Er plane, aus dem zerbrochenen Schiff ein Floß zu bauen, das durch die Beiboote an Land geschleppt werden solle.

Im Morgengrauen des 5. Juli verließen die Offiziere das Wrack der *Medusa* mit fünf unterschiedlich großen Booten. Die Barkasse nahm den Gouverneur, seine Familie sowie deren Gepäck an Bord. Sie hätte Raum für 50 Personen gehabt, es wurden jedoch nur 36 an Bord gelassen. Bewaffnete sorgten dafür. An Bord der Kommandantenpinasse befanden sich De Chaumareys sowie 27 weitere Personen. Auch dieses Boot hätte noch einmal so viel Passagiere aufnehmen können. Antoine Richefort, der die Fregatte auf die Sandbank gesteuert hatte, bekam ein neues Kommando auf dem kleinsten Beiboot. Die Schaluppe wurde vom Zweiten Offizier kommandiert. So waren rund 100 Menschen in Booten untergebracht. Das Problem war das Floß für die große Mehrheit der Passagiere. Die Führung hatte für sich gesorgt, der Rest der Besatzung sollte sehen, wo er blieb. Das in großer Hast gebaute Floß wurde nicht erprobt, sondern sofort dem Ernstfall ausgesetzt. Es wurde mit Proviant und Wasser beladen. Sogleich zeigte sich, dass es viel zu wenig Auftrieb hatte. Zwanzig Menschen hätten sich zur Not darauf halten können. Als sich mehr als hundert darauf drängten, tauchte es so tief ein, dass die meisten tief im Wasser standen. Für das Floß fühlte sich von den Offizieren und Matrosen niemand zuständig. Die schweren Masten und Rahen, aus denen es provisorisch gezimmert war, bewegten sich mit den Wellen. Wer zwischen zwei Balken geriet, erlitt Quetschwunden. Der Fähnrich, dem das Kommando auf dem Floß übertragen worden war, hatte sich am Unterschenkel so schwer verletzt, dass er keine Führung übernehmen konnte. Als 50 Mann auf das Floß gegangen waren, stand ihnen das Wasser bis zur Hüfte. Jetzt wurde ein Teil des Proviants ins Meer geworfen. Chaos brach aus.

Die Schaluppe nahm so viele Passagiere auf, dass Wasser über den Dollbord schwappte. Einige Menschen blieben auf dem Wrack. Rund 150 Passagiere vertrauten ihr Leben dem Floß und den Versprechungen des Gouverneurs an. Hüfttief im Wasser, stets in Gefahr, verletzt oder über Bord gespült zu werden, hofften sie, im Schlepptau der Boote das Ufer zu erreichen.

Das Floß sollte von vier Beibooten geschleppt werden. Die Schaluppe kam für diese Aufgabe nicht in Frage. Sie war ein reines Segelboot. An der Spitze der Schleppleine sollte die Kommandantenpinasse ziehen, ihr folgte das Hafenboot, danach die zweite Pinasse, zuletzt die Barkasse, auf der sich Gouverneur Schmaltz befand.

Der mitleidige Offizier, der die Schaluppe steuerte und die Not der Menschen erkannte, die einfach nicht auf das Floß passten, hatte viel zu viele Männer an Bord genommen. Er wollte sie auf die anderen, unterbesetzten Boote verteilen; die Kommandanten dieser Boote weigerten sich aber, sei es, dass ihnen das Manöver bei hohem Wellengang zu gefährlich erschien, sei es, dass sie fürchteten, überladen zu werden, oder dass sie ihre Vorräte nicht teilen wollten.

Noch ehe die Boote mit dem Schleppen begannen, führte der Streit über die Frage, wie die Lasten gerechter zu verteilen wären, zu einem Ausweichmanöver, bei dem das Hafenboot die Leine preisgab. Alle Ruderboote zusammen hätten vielleicht mit vereinten Kräften und großer Entschlossenheit das Floß bewegen können. Aber nachdem die Trosse gelöst war, trieb das Floß in der Strömung aufs offene Meer. Es drohte die Barkasse mit sich zu ziehen.

Der Erste Offizier Reynaud, dem die Barkasse mit dem Gouverneur an Bord anvertraut worden war, packte ein Beil und kappte die Schleppleine. Einige Besatzungsmitglieder protestierten. Gouverneur Schmaltz zog es vor, sein Versprechen zu vergessen. Er befahl, das Tau loszumachen.

Die Barkasse mit dem Gouverneur und die Kommandantenpinasse mit Kommodore de Chaumareys an Bord waren gut ausgerüstet und verproviantiert. Sie hatten Seekarten und nautische Instrumente, blieben dicht zusammen und trafen am 9. Juli wohlbehalten auf die anderen Schiffe des Konvois, die auf der Reede von Saint Louis ankerten.

Der Senegal war damals noch eine britische Kolonie. Er sollte den Franzosen übergeben werden, wenn die Gummiernte der Plantagen abgeschlossen war. Die britische Verwaltung bot Hilfe bei der Suche nach den restlichen Schiffbrüchigen an, die sogleich hätte eingeleitet werden müssen. Aber die französischen Honoratioren wollten diese Hilfe des ehemaligen Feindes nicht annehmen, und so dauerte es Tage, ehe die Suche nach dem Floß begann.

Den Ausgesetzten auf dem Floß waren Kompass und Seekarte nur versprochen worden. Angeblich um das Gewicht auf dem Floß zu reduzieren, hatten die Soldaten ihre Musketen und Säbel auf der *Medusa* zurücklassen müssen: Die Vorgesetzten in den Booten fürchteten wohl zu Recht die Kugeln der empörten Männer. Angesichts der weit überlasteten Tragkraft wurden die meisten Fässer mit Zwieback und Wasser über Bord geworfen.

Als das Floß im Stich gelassen wurde, befanden sich 146 Männer und eine Frau (eine Marketenderin) an Bord. Siebzehn Männer waren an Bord des Wracks der *Medusa* geblieben; voller Schrecken verfolgten sie, wie das Floß steuerlos abtrieb. Die Männer auf dem Floß der *Medusa* waren vorwiegend Söldner aus Europa, Asien und Afrika, ein buntes, ohne seine Vorgesetzten desorganisiertes Gemisch von Männern mit zweifelhafter Vergangenheit. Zwanzig Matrosen hatten keinen Platz in den Beibooten gefunden. Der Zweite Sanitätsoffizier der *Medusa*, Henri Savigny, übernahm die Führung der Seeleute. Der Ingenieur und Geograf Alexandre Corréard war auf das Floß gegangen, obwohl der Gouverneur ihm einen Platz in seinem Boot angeboten hatte. Er war als Kolonist angeworben worden und hatte zwölf Arbeiter mitgenommen, für die er sich verantwortlich fühlte. Diese beiden schlossen sich zusammen; sie standen an der Spitze noch einigermaßen organisierter Gruppen und versuchten, das Chaos auf dem Floß so gut wie möglich zu ordnen.

Die Schiffbrüchigen standen hüfthoch im Wasser. Sie mussten auf dem erbärmlich instabil gebauten Floß dauernd fürchten, von einer Welle mitgerissen oder durch Hölzer verletzt zu werden, die sich im Wellengang bewegten. Die Sonne glühte. Henri Savigny konnte einen Mast mit einem kleinen Segel auftreiben, um etwas Schatten zu finden, aber es gab keine Möglichkeit, das Floß zu steuern. Es gab ein Fass Wasser und zwei Fässer Wein sowie einen Sack nassen Schiffszwieback. Schon in der ersten Nacht gingen zwölf Männer über Bord. Unter den Überlebenden brachen Kämpfe aus.

Die Soldaten betranken sich sinnlos und wollten das Floß zerstören, um gemeinsam unterzugehen. Kämpfe zwischen den von Savigny geführten Matrosen, an deren Seite auch Corréard mit seinen Arbeitern trat, und Gruppen von Meuterern endeten in einem Gemetzel. Savigny verwaltete die Vorräte und verteidigte sie mit der blanken Waffe. Wer sich an ihnen vergriff, wurde sogleich niedergestochen und über Bord geworfen.

Die Männer konnten nur im Stehen schlafen und drängten sich dicht zusammen. Nach einem Tag gab es weder Trinkwasser noch Zwieback an Bord. Der Wein wurde strikt rationiert. Die Sonne brannte auf die ungeschützten Männer, die den eigenen Urin und Meerwasser tranken. In den folgenden vier Tagen zerfiel auf dem Floß jede menschliche Ordnung. Viele der Verzweifelten töteten sich selbst; andere starben in jähzornigen Raufereien.

Jonathan Miles[2] hat jüngst den Hintergrund des Schiffbruchs beleuchtet und ihn mit der Entstehungsgeschichte des berühmten Gemäldes von Théodore Géricault verknüpft. Der junge Maler bezog viele seiner Informationen von den Überlebenden, ließ aber die drastischsten Szenen fort, die seine Zeitgenossen bewegten: den Kannibalismus auf dem Floß.

Miles beschäftigt sich ausführlich mit der politischen Seite der Ereignisse. Das katastrophale Versagen der nautischen wie der militärischen Führung (die Soldaten an Bord unterstanden dem Befehl des Gouverneurs) führte im Heimatland Frankreich dazu, dass die Liberalen den Schiffbruch als Symbol für die Korruption und den Dünkel der Royalisten deuteten, während diese versuchten, von einer Verkettung unglücklicher Umstände zu sprechen, aus denen die Verantwortlichen das Beste gemacht hatten.

Die Berichte der Überlebenden über das Geschehen auf dem Floß sind in vieler Hinsicht tendenziös. Sie betonen den Verrat des Gouverneurs, des Kapitäns, der Führung des Schiffes allgemein. Sie beklagen wortreich das Elend der Ausgesetzten, verschleiern aber, mit welchem Maß an Egoismus und Grausamkeit sie selbst ihren Platz in der Mitte des Floßes gegen die Männer an den Rändern verteidigt hatten.

Auch für das Floß der *Medusa* müssten wir wohl den melancholischen Grundton übernehmen, den Primo Levi[3] in seinem Bericht über Auschwitz anschlägt: Die Geschichte Überlebender ist nicht die einzige und vielleicht nicht einmal die typische Geschichte, sie ist nur die einzige, die erzählt wird. Die typische Geschichte würde von einem der Männer am Rand des Floßes handeln, die irgendwann zu schwach sind, um sich zu wehren, wenn sie nachts über Bord gestoßen werden.

Sie haben keine Ideen, wie den Kannibalismus oder das Trinken des eigenen Urins, die sie etwas länger am Leben halten, sie können nichts organisieren, sie können sich nicht mit anderen zusammentun, die sie unterstützen und über sie wachen. Diese Untergegangenen sind die ersten Helden solcher Geschichten. Ihr Opfer, ihr Verschwinden hält die zweiten Helden am Leben.

Vor allem nachts gibt es Raufereien mit zahlreichen Todesopfern, blutige Kämpfe um einen sicheren Platz und um die Vorräte. Fast alle Männer haben durch das ständige Stehen im Salzwasser Geschwüre an den Beinen. Unterlegene werden ins Meer gestoßen. Je mehr Menschen über Bord gehen, desto erträglicher werden die Bedingungen auf dem Floß. Nach drei Hungertagen beginnt der Kannibalismus. Als noch 27 Passagiere übrig sind, entscheiden die stärkeren angesichts der begrenzten Vorräte, die zwölf schwächsten hätten keine Überlebenschance. Sie werden von Bord gestoßen. Jetzt schwimmt das Floß so weit über Wasser, dass die Überlebenden sicheren Halt gewinnen.

Nach einer Woche wurde das Floß endlich von der Korvette *Argus* gefunden, die zu den gefährlichen Sandbänken zurückgesegelt war. Sie barg 15 Überlebende von ursprünglich 147 »Passagieren«. Auf dem Gemälde von Géricault ist das rettende Schiff ein Punkt am Horizont; auf dem Floß verknäulen sich Lebende und Tote. Fünf der Geretteten starben bald danach im Krankenhaus von Saint Louis.

Der französische Gouverneur empfängt seine Landsleute nicht sehr freundlich. Es gelingt ihm später, den meisten Überlebenden im Hospital Unterschriften abzupressen, er habe alles ihm Mögliche getan, die Passagiere zu retten. Nur der Ingenieur Corréard weigert sich standhaft, dem verhassten Royalisten diesen Gefallen zu tun.

Gouverneur Schmaltz lehnt die Hilfe der Briten ab, mit ihren Schiffen nach weiteren Überlebenden zu suchen. Er hat sich stattdessen mit einem reichen Kaufmann in Saint Louis zusammengetan, der einen klapprigen Schoner ausrüstet. Dieser kehrt zweimal wegen schlechten Wetters um. So dauert es lange 52 Tage, bis die Überlebenden auf dem Wrack der Fregatte ihre Chance bekommen.

Der Zustand dort ist nicht weniger gespenstisch als auf dem Floß: Von den 17 Männern, die weder in einem Boot untergekommen waren noch das Floß betreten hatten, lebten nur noch drei in einem desolaten Zustand. Jeder hatte sich in einem Winkel des zur Seite gekippten Schiffsrumpfs verschanzt und bedrohte die anderen mit blanker Waffe.

Anfangs waren die 17 Männer gut verproviantiert. Als die Vorräte zur Neige gingen und nur noch eine für den Organismus in den Tropen ruinöse Diät aus Salzfleisch und Branntwein blieb, bauten einige der an Bord des Wracks verbliebenen Männer ein Floß und versuchten die Küste zu erreichen. Sie verschwanden spurlos; das Floß wurde später von Eingeborenen an der Küste gefunden, ohne Ruder und ohne eine Spur der Besatzung. Von den fünf an Bord Gebliebenen hatte einer – vermutlich betrunken – versucht, einen Hühnerstall als Wasserfahrzeug zu verwenden; er war noch in Sichtweite der übrigen Schiffbrüchigen mit seinem Fahrzeug untergegangen. Die Überlebenden auf dem Wrack sahen aus wie Gespenster, sie hatten sich tagelang ausschließlich von Brandy ernährt.

Als Corréard in Saint Louis zum ersten Mal aufstehen und die Siedlung erkunden konnte, erschütterte ihn die Gleichgültigkeit des Gouverneurs hinsichtlich der Schiffbrüchigen ebenso, wie ihn dessen Habsucht wütend machte. Was aus dem Wrack an Wertvollem geborgen werden konnte, beanspruchte der Gouverneur zusammen mit seinem ortsansässigen Vertrauten als »Prise«. Die Hafenstadt wurde ein Wochenmarkt; Schwarze kauften Signalflaggen, um sich Kleider daraus zu machen, Vasen aus dem Besitz des Kapitäns schmückten den Haushalt des Gouverneurs.

So kommt es, dass Corréard auch seine mitgebrachten Instrumente, welche er für seine Arbeit als Ingenieur in der Kolonie gebraucht hätte, auf einem improvisierten Markt feilgeboten fand. Schmaltz zuckte die Achseln, als er sich beschwerte.

Henri Savigny verfasste mehrere Berichte über seine Erlebnisse, zunächst in regierungskritischen Zeitungen, später gemeinsam mit Corréard in einem Buch, das viele Auflagen erlebte. Obwohl das Marineministerium versuchte, den Skandal zu vertuschen, wurde der unfähige und eigennützige Kommandant zu drei Jahren Festungshaft verurteilt. Der Kampf von Corréard und Savigny um eine Entschädigung für die Angehörigen der Opfer blieb ohne Erfolg.

Das Floß der *Medusa* steht, ähnlich wie später die fehlenden Rettungsboote der *Titanic*, für eine Selbstblendung der menschlichen Psyche angesichts des Zusammenbruchs von Erwartungen. Der Mensch, nicht der Strauß steckt angesichts einer Gefahr den Kopf in den Sand. Erst will er das Risiko nicht sehen. Wenn die Katastrophe dann eingetreten ist, leugnet er immer noch ihren Umfang und ihre möglichen Folgen.

Das Schicksal der gestrandeten *Medusa* gibt Rätsel auf. An Bord befanden sich viele fähige Männer. Jedes größere Segelschiff hatte mindestens einen Schiffszimmermann und einen Schmied in der Mannschaft. Viele Matrosen konnten mit Werkzeugen umgehen, unter den Soldaten gab es Handwerker und Bauern. Das Floß aber, das die Menschen retten sollte, die nicht in die Boote passten, war eine groteske Fehlkonstruktion.

Haben die Männer, die das beurteilen konnten, absichtlich geschwiegen, weil sie den verhassten Kommandanten bloßstellen wollten? Es ist schwer, sich so viel Zynismus vorzustellen. Die Bordhandwerker waren geschult, ihr Schiff zu reparieren, eine vorgegebene große Struktur. Sie konnten sich nicht auf die Aufgabe umstellen, diese große Struktur aufzulösen und aus den so gewonnenen Materialien kleine funktionsfähige Teile zu gewinnen. Die Experten hatten durch unfähige Führung ihre Fähigkeiten und Funktionen innerhalb der Organisation verloren.

Ein Polynesier baut mit viel schlechteren Werkzeugen als die Männer an Bord der *Medusa* aus Treibholz und Pflanzenfasern ein hochseetüchtiges Kanu, mit dem er Hunderte von Seemeilen zurücklegen kann. Die inkompetente Führung an Bord der *Medusa* aber suchte eine schnelle Lösung für die Panik unter den Passagieren und gab ein Versprechen ab, alle könnten zusammenbleiben und auch noch die Güter bergen, die an Bord waren. Das Floß der *Medusa* hatte die gleichen Qualitäten wie die Dörfer des Fürsten Potemkin – es war eine in die Horizontale verlegte Kulisse, der Anschein eines Transportmittels und deshalb auch eine Todesfalle. Wie der Fürst der Zarin schmeicheln wollte, so schmeichelte das Floß den Gescheiterten, versprach viel und hielt fast nichts.

Betrügerische Absicht und unbewusste Verblendung mögen zusammengewirkt haben. In Angst und Not klammern sich Menschen aneinander und an das Vertraute, auch wenn diese Suche nach Halt das Gefährlichste ist, was sie tun können. So lässt sich verstehen, weshalb die praktikable Lösung unterblieb, mehrere Flöße zu bauen und dafür zu sorgen, dass diese fähig waren, aus eigener Kraft das Ufer zu erreichen. Ein schmales Floß mit einem Ausleger, um es im Wind zu stabilisieren, hätte eine begrenzte Zahl von Männern und ihre Vorräte getragen. Es wäre mit Hilfe von improvisierten Segeln und Rudern beweglich genug gewesen. Mehrere dieser Flöße hätten sich gegenseitig unterstützen können. Das Baumaterial war da, nicht aber die geistige Beweglichkeit, aus einer hochdifferenzierten Fregatte mit ihrem komplexen Aufbau von Masten, Seilen, Rahen und Segeln einfachere Fahrzeuge zu bauen.

Der Schiffbruch der *Medusa* begann, lange ehe sie auf die Sandbank lief. Die Spannungen zwischen dem Kapitän und seinen Offizieren führten dazu, dass der schlechteste Kurs gesteuert und die in unsicheren Gewässern lebensrettende Fahrt im Konvoi bedenkenlos preisgegeben wurde. Auch angesichts des Notfalls fand die Mannschaft zu keiner gemeinsamen Lösung. Die Egoismen der Einzelnen, ermöglicht durch die völlige Entwertung des Kapitäns, führten dazu, dass nicht genug Ladung über Bord geworfen wurde, um das Schiff wieder flottzumachen und es so als Überlebenswerkzeug zu bewahren.

Das Schicksal der *Medusa* zeigt, wie schwer es ist, rechtzeitig zu erkennen, wann ein sicherer Ort diese Qualität verliert. Solange das Schiff nur festsaß und die Pumpen liefen, wollte niemand daran denken, mit den Beibooten an Land zu gehen und Hilfe zu holen. Das offene Meer und die Wilden an den Küsten schienen gefährlicher als die vertrauten Planken. Als diese dann zerbrachen und das Wrack auseinanderzufallen drohte, wollten plötzlich alle in die Boote. Man hatte in der Krise keine ernsthafte Strategie für den drohenden Notfall entwickelt.

Das wahnwitzige Unternehmen mit dem Floß entstand stattdessen aus dem Versuch, einen Kompromiss zu finden. Die Boote sollten die Privilegierten aufnehmen. Den anderen wurde eine Utopie verkauft. In ihrem manischen Entwurf war das Floß ein Wunderding, fähig, im Schlepptau der Boote von der Sandbank wegzukommen, zugleich solide wie ein Schiffsdeck, Passagiere und mitgebrachte Kostbarkeiten zu bergen, mit ihnen das Ufer zu erreichen, allen Sicherheit zu bieten, niemanden zurückzulassen. Nichts davon traf ein, aber die gemeinsame Illusion, den *Anschein* eines Ganzen zu retten, war mächtiger als jeder Versuch, angesichts der Katastrophe dieses Ganze in funktionierende Teile zu zerlegen.

In diesem Buch ziehe ich den Begriff des Konsumismus dem der Konsumgesellschaft vor, weil er – ähnlich dem Faschismus-Begriff – eine Verbindung von politischen und persönlichen Entwicklungen anzeigt. Die Psychologie kann nur einen Teil zu einer kulturellen Wende beitragen. Es gibt keinen Heiler und Helfer, der das System kurieren kann. Deshalb habe ich den 1983 geprägten Begriff der »Ökotherapie«[4] wieder aufgegeben.

Der erste Teil des Textes beschäftigt sich mit den seelischen Veränderungen durch den Konsumismus; der zweite mit Modellen, wie wir andere Einstellungen gewinnen und sie auch die nächste Generation lehren können. Den Zustand der Krise haben wir erreicht, viele von uns sogar die Erkenntnis darüber. Wir müssen nun gemeinsam an der Lösung arbeiten. Auch wenn es unsere

Fantasie überfordert, uns die Zukunft vorzustellen, scheint doch die Geschichte der *Medusa* lehrreich genug.

Besonders nachdenklich mag uns stimmen, dass die Katastrophe auf dem Floß damit zusammenhängt, dass die *Medusa* das schnellste Schiff war und der Kapitän nicht auf die langsameren Begleitschiffe warten wollte. Sie hätten die Fregatte freischleppen, mindestens die Besatzung retten können. Ganz ähnlich gewinnen wir den Eindruck, dass die moderne Gesellschaft sich in ihren Zentren so weit von den traditionellen Möglichkeiten der Selbstversorgung hinwegbeschleunigt, dass sie im Fall einer Katastrophe keine Alternativen findet. Wie wir sehen werden, wachsen aber inzwischen auch Bestrebungen, daran etwas zu ändern.

1. Der Fortschritt des Konsums

> Der Alltag ist Propaganda für die Bereitschaft, abzuspalten, was nicht in das von einem naiven Warenglauben bestimmte Bild passt.
> Immer höhere Komfortansprüche werden immer jüngeren Schichten der Bevölkerung selbstverständlich. Es darf in diesen Konsumfortschritten keine Pausen geben. Sie ersetzen schließlich den Glauben an eine menschenwürdige Zukunft.

Thomas Hobbes erläutert im *Leviathan*, dass die menschlichen Leidenschaften mächtiger sind als die Vernunft. Die Produkte des menschlichen Geistes sind Kundschafter und Spione der Wünsche.[5] Während Hobbes annimmt, dass nur Gewalt die Leidenschaften zügeln kann und der Sicherheit halber die Staatsgewalt fordert, ist es gegenwärtig geboten, nicht mehr nur den Menschen in seiner Bedrohung für den anderen Menschen zu zügeln, sondern auch den Menschen als Bedrohung der Natur. Auch die Abhängigkeit von einem Konsumniveau, das mit den natürlichen Regenerationsprozessen des Planeten Erde auf Dauer unvereinbar ist, kann letztlich nur durch Formen staatlicher Gewalt eingedämmt werden.

Sobald ein Trinker Gefahr läuft, seine Ehefrau oder seinen Arbeitsplatz zu verlieren, wird er versprechen, ja schwören, nie wieder rückfällig zu werden, obwohl er diesen Schwur bereits viele Male gebrochen hat. Dieses so oft gebrochene Versprechen wird geglaubt, solange die Illusion attraktiver ist als die Wirklichkeit. Auf einem ähnlichen Mechanismus beruht die Anziehungskraft von Politikern, die einen Kometenschweif gebrochener Versprechungen hinter sich herziehen.

Eine Lösung gelingt nur, wenn die Gefahr ernst genommen wird. Der Süchtige verleugnet seine Grenzen und gerät in einen schwer auflösbaren Teufelskreis: Die Sofort-Betäubung seiner Unlustspannungen schwächt seine Toleranz für Versagungen. Erst im Erleben der eigenen Todesgefahr findet er die Möglichkeit, diesen Größenwahn zu durchschauen. Diese Einsicht wird schwer, solange es zur herrschenden Kultur gehört, Grenzen zu verleugnen. Der Glaube, man könnte über seine Verhältnisse leben und keinen Preis dafür bezahlen, ist die zentrale Illusion der Konsumwelten.

Die ausbeutende und/oder »helfende« Beschäftigung mit anderen Kulturen ist inzwischen zu einer jener grandiosen Unternehmungen geworden, deren erstes Beispiel der Turmbau zu Babel ist. Es gibt kein Ziel mehr, aber die Anstrengungen werden gesteigert. Ehe es uns nicht gelingt, ökologische Stabilität in unserem eigenen Haus herzustellen, ist jeder Export eingefärbt und getrübt von den destruktiven Mechanismen, die wir eingeführt haben. Blinde Tätigkeit nach unseren eigenen Wertvorstellungen scheint genauso problematisch wie Untätigkeit angesichts des millionenfachen Elends. Die unreflektiert als humanitär gepriesene Aktion rettet 10 Hungernde, die 100 Hungernde zeugen, welche dann die Lebensgrundlagen für Tausende in ihrer verzweifelten Suche nach Nahrung zerstören.

Indem sich die Industrieländer als Geber aufspielen, können sie vor sich selbst verbergen, dass sie Parasiten sind. Die armen Länder hingegen fordern Betäubungsmittel für den Schmerz über den Verlust ihrer kulturellen Autonomie. Überall herrscht gegenwärtig eine Armutsfantasie, die nach den zerstörerischen Gütern der zum Untergang verurteilten Reichen streben lässt. Wie Moskitos an einem anämischen Opfer bohren die Petroleumkonzerne und die Wasserwerke der Metropolen ihre Saugrohre tiefer in die Erde fremder Länder. Anders als das Insekt besäßen sie zwar eigentlich die geistigen Voraussetzungen, die Absurdität ihrer Strategie zu erkennen. Dennoch ändern sie diese nicht, solange sie nicht durch äußeren Zwang dazu gebracht werden. Von selbst wird dieser Parasitismus erst dann aufhören, wenn das Opfer kein Blut mehr hat.

Die Konsumgüterentwicklung enthält verschlüsselte, längst selbstverständlich gewordene Botschaften. Sie zu erkennen und zu kritisieren kostet Mühe und wirkt seltsam deplatziert. Vor dem Gericht des Komfortschritts ist die Beweislast umgekehrt. Rechtfertigen muss sich, wer eine destruktive Ware *anzweifelt*, denn diese kann sich doch durch ihren Verkauf legitimieren.

Ein buchstäblich winziges Beispiel: Seit 1930 konnten zu günstigen Preisen mechanische Armbanduhren gebaut werden, die sich durch die Bewegung am Handgelenk selbst aufzogen. Diese Methode der Zeitmessung wurde aber durch die Massenproduktion von Quarzuhren verdrängt, deren Batterien die Umwelt belasten. Dass niemand solchen Entwicklungen Einhalt gebietet, zeigt die Unfähigkeit unserer Institutionen, mit den Bedingungen der Konsumgesellschaft umzugehen.

Nicht durch Zufall ist der Traum vom Perpetuum mobile in den vergangenen Jahrhunderten so wichtig geworden. Während unser Leben in parabolischer Bahn steigt und fällt, gaukelt die Maschine vor, ein einmal erreichtes Niveau für immer halten zu können. Diese Illusion fesselt den Menschen so, dass er viele Zerstörungen in Kauf nimmt. Gerät sie ins Wanken, hilft ihm die Maschine wieder: Sie verspricht eine wachsende Kraft, wo die Schwäche wächst, und kündigt an, sie könne ausgleichen, was unausweichlich ist: Verfall und Tod.

Das Streben, den Tod zu besiegen, bindet an ihn. Zur natürlichen Gier, zu Hunger und Liebe, tritt als gefährliche Neuerung die *Angstgier*, die sich auf den Verlust des mit Maschinenhilfe erreichten Bequemlichkeitsniveaus bezieht. Der Komfort kann auch da nicht aufgegeben werden (erinnern wir uns an den ursprünglichen Wortsinn: Trost, Trost über die eigene Sterblichkeit), wo er destruktiv geworden ist. Er wird im Gegenteil gesteigert. Als ob unsere von Vier- und Sechszylindermotoren angetriebenen

Kraftwagen nicht genügend Ressourcen zerstören würden, werden Zwölfzylinder für die »Eliten« entwickelt.

Der Anspruch an eine bequeme, reine Welt scheint ebenso gewachsen wie die Enttäuschungswut und die Rachewünsche, wenn sie nicht zuhanden ist. So bauen gesellschaftliche Gruppen Fantasien der Benachteiligung aus. Sie sind Opfer, sie werden bedroht, sie sind übervorteilt worden, daher ist es ihr gutes Recht, sich durch den Einsatz von Gewalt zu wehren.

Die Schwelle, gewalttätig zu werden, wird dabei nicht immer durch eine dem Bewusstsein zugängliche Absicht, zu rauben und zu plündern, überschritten. Aber diese Bedrohung liegt in der Luft: Die zum Feindbild gemachten Anderen, die Fremden nehmen einem die Arbeitsplätze weg, verzehren parasitär, was besser bei der eigenen Gruppe untergebracht wäre, wollen einen berauben und ausrotten. Es ist sozusagen eine sauer gewordene Gier, ein Gefühl, bedroht und im Hintertreffen zu sein, das Aggressionen motiviert. Stattdessen müssen wir lernen, anderen Positionen Raum im eigenen Leben einzuräumen.

Wir können gesellschaftliche Bewegungen nicht durch psychologische Mechanismen erklären. Aber die Psychologie kann helfen, ihre Dynamik besser zu verstehen und in Teilabschnitten auch Lösungen zu entwickeln. Ein zentraler Mechanismus des Konsums spielt eine wesentliche Rolle, um die Schwelle für kollektive Regressionen zu senken. Menschen werden manipuliert. *Ihre Wahrnehmungen spalten sich.* Es gibt, so suggeriert die Werbung, den Genuss ohne Folgen, das perfekte Gute für jeden.

Raucher sind jung und gesund, Autos haben freie Straßen, Wohnungen sind warm und hell, Medikamente heilsam, Operationen erfolgreich. Unsere Entscheidungen sind einfach: Wir müssen zwischen dem Guten wählen, das uns zusteht, und das Böse bekämpfen, welches uns hindern will, es zu haben. Nach ebendiesem Prinzip funktioniert die Dramaturgie der populären Musik und die der Kriminal- und Familienserien.

Ich sagte oben, dass es zur Dogmatik der Werbung gehört, uns den Eindruck zu vermitteln und ihn mit Tausenden kleinen Botschaften zu verfestigen, dass wir die Möglichkeit, aber auch die Aufgabe haben, eine reine, ungetrübte, uneingeschränkte Befriedigung zu finden. Diese Dogmatik wird durch eine riesige Medienmacht im Dienst der Konsumgüterproduktion verstärkt, die praktisch den einzigen gesellschaftlichen Bereich darstellt, in dem noch ungebrochen von Fortschritten die Rede sein kann.

Es gibt in der Tat immer komfortablere Autos, Mobiltelefone, Fernseher, Computer, Waschmaschinen, Fotoapparate, Mikrogrills, Kücheneinrichtungen, Gartengeräte, Motorräder, Badezimmer. Diese Dogmatik bereitet schlecht auf die existenziellen Notwendigkeiten der Realitätsbewältigung vor, in denen wir nicht die Wahl zwischen Lust und Frust haben, sondern die Wahl zwischen einer produktiven und einer destruktiven Unlust.

Ein Kind wählt nicht zwischen der Lust an seinen Hausarbeiten und der Lust an einem Nachmittag in der Eisdiele. Es überlegt, ob die Unlust an den Hausaufgaben oder die Unlust am Tadel von Lehrern und Eltern größer ist. Die konsumstiftende Illusion lautet, Lust und Bewältigung der Zukunft seien problemlos unter einen Hut zu bringen. Der ehrwürdige (und unlösbare) Konflikt des deutschen Idealismus, Pflicht gegen Neigung, signalisiert dann nur noch einen Zwangscharakter oder Ungeschick.

Dem Schulkind wird es umso schwerer fallen, seine Hausaufgaben zu erledigen und erst dann zu spielen, je deutlicher in seiner Umwelt die Illusion repräsentiert ist, es gäbe grundsätzlich die Möglichkeit, nur das zu tun, wozu man Lust hat. Diese Illusion wird durch die Reklameindustrie überoptimal dargestellt. Diese geistige Verwirrung arbeitet demagogischen Prinzipien in die Hände. Der Alltag ist Propaganda für die Bereitschaft, abzuspalten, was nicht in das von einem naiven Warenglauben bestimmte Bild passt.

Kriminalität ist eine vertraute Form des Bürgerkriegs, die wir so lange für harmlos halten, wie sie uns nicht persönlich trifft. In ihrer Praxis sind viele Bürgerkriege von Kriminalität kaum zu unterscheiden. Die Übergänge von einzelnen Dieben zu den organisierten Gruppen der Mafia, den Drogenbaronen in Pakistan oder Bolivien, den Generalen von Guerilla-Heeren und Potentaten von Einparteienregimen sind fließend.[6]

Sie alle respektieren Gesetze und Abstimmungen nur so lange, wie sie im eigenen Sinne ausfallen. Der Verlierer einer Wahl, der sich während des Wahlkampfes zu den demokratischen Grundsätzen bekannt hat, verwandelt sich chamäleongleich zum Räuberhauptmann und kehrt an der Spitze seiner Kämpfer, die zu entwaffnen er nur versprochen hat, in die von ihm »befreite« Provinz zurück. Ähnliche Verhaltensweisen lassen sich in Skandalen der Demokratien erkennen.

Die Konsumideologie verstärkt einen zentralen Prozess der Moderne. Sie konkretisiert ihn in Waren und macht ihn unwiderstehlich, demonstriert aber auch seine illusionären Qualitäten deutlicher, als es früher möglich war. Die Glücksversprechungen sammeln und verdichten sich zum Glauben an eine paradiesische Welt, die mit der eigenen religiösen oder nationalen Gruppe identifiziert wird. Politische Rattenfänger, die solche Paradiese versprechen, finden Glauben. Um an die Macht zu kommen, müssen sie das Unmögliche versprechen; um den Zorn abzulenken, dass es nicht erreicht wird, müssen sie Sündenböcke finden. So fangen sie an, eine Gruppe von Anderen, Fremden, Ur- oder Erbfeinden entweder zu schaffen oder in einer Belebung alter Vorurteile aufzubauen.

Die Konsumgesellschaft ist nicht durch die Gier entstanden, sondern die Gier ist das Produkt einer Wechselwirkung mit gesellschaftlichen Strukturen, die durch persönliche Entscheidungen nicht abgeschafft werden können. Sie vereinnahmen mehr Personen, als sich kritisch von ihnen distanzieren können. Psychologische Kategorien – etwa Triebe, Motive oder Interessen – gehen von einem *individuellen* Bedürfnisträger aus. Aber längst sind die individuell fassbaren Wünsche mit den kollektiven Strukturen verschmolzen. Menschen gehen mit Gütern eine Verbindung ein, die den Liebesbeziehungen zu anderen Personen gleicht. Aus diesem Grund ist es auch unmöglich, von *zeitlosen* Bedürfnissen zu sprechen.

Die Triebwelt wird durch das Güterniveau geprägt und strukturiert. Menschen binden sich an Waren, wie sie sich in früheren Epochen an religiöse Inhalte gebunden haben. Die sozialen Aktivitäten gehen von Mischwesen aus Mensch und Ware aus. Die Ware fixiert ein Konsumniveau, das Bequemlichkeitssteigerungen erzwingt. Waren versöhnen Widersprüche, bieten Konfliktlösungen an. Es gibt eine breite Palette von Produkten, die gleichzeitig an Gier und Askese appellieren, wie kalorien- und alkoholreduzierte Getränke, »leichte« Zigaretten, »Du darfst«-Diätprodukte, »umweltfreundliche« Konsumartikel, »energiesparende« Elektrogeräte, »biologisch abbaubare« Chemikalien.

Im Gefolge des ersten mit industriell produzierten Maschinenwaffen geführten Krieges – des amerikanischen Sezessionskrieges – wurden sozial auffällige Formen von Sucht systematisch beschrieben. Sie hingen damit zusammen, dass inzwischen die chemischen Möglichkeiten entstanden waren, Suchtgifte in reiner Form herzustellen und in einer bisher nicht möglichen Perfektion zu verabreichen. Die Bindung des süchtigen Kriegsverletzten an die Morphiumspritze ging über die des Opiumessers an seine Droge weit hinaus.

In der Konsumgesellschaft hat sich die Häufigkeit und Intensität solcher Bindungen multipliziert; ihre destruktiven Qualitäten werden selbst dann noch verleugnet, wenn sie für Außenstehende unübersehbar sind. Der einzelne Konsument ist an seine Ware gebunden und dankt ihr einen Teil seiner Identität. Die gesellschaftlichen Strukturen, in denen diese Ware produziert wird, sichern diese Identität, so dass eine kollektive Abwehr gegen die Einsicht in die Destruktivität des individuellen Handelns aufgebaut und aufrechterhalten werden kann.

Immer höhere Komfortansprüche werden immer jüngeren Schichten der Bevölkerung selbstverständlich. Die Stereoanlagen müssen perfekter, die Fernreisen weiter, die Fernsehprogramme tabubrechender werden. Es darf in diesen Konsumfortschritten keine Pausen geben. Sie ersetzen schließlich den Glauben an eine menschenwürdige Zukunft.

In einem modernen Haushalt heizen wir nicht, wir werden beheizt, wir holen kein Wasser, das Wasser kommt zu uns, wir spülen keinen Teller, das Geschirr wird von einer Maschine gespült, wir kehren den Staub nicht zusammen, eine Maschine saugt ihn ein. Das alles erweitert und bläht unser Selbstgefühl. Wer keinen Komfort hat, ist arm dran, ein elender Wurm. Aber der Wurm kriecht auf dem Boden und kann nicht von einem gepolsterten Stuhl fallen. Ärmer als dieser Wurm ist allemal jeder, der solche Bequemlichkeiten besaß und nun plötzlich ohne sie auskommen muss. Wirklich elend lebt nicht der Kleinbauer in seiner Hütte im Busch, sondern der Städter in jener afrikanischen Großstadt, von der mir eine Kennerin des Landes folgende Geschichte erzählt hat:

Um ihre Hauptstadt mit Energie zu versorgen, baute die Regierung mit Krediten der Weltbank einen Staudamm und ein Elektrizitätswerk. Die Beamten, die Kaufleute wollten westlich wohnen, mit Wasserklosetts und Kühlschränken, Klimaanlagen und Aufzügen in Hochhäusern. Dann schaltete das Kraftwerk jeden Tag für einige Stunden den Strom ab. Empört fuhr der Beauftragte des Präsidenten in das Kraftwerk und stellte den leitenden Ingenieur zur Rede. Was er sich gedacht habe! Die Menschen in den Aufzügen! Die Klimaanlagen! Die Kühltruhen in den Metzgereien! Ob er die Wirtschaft ruinieren wolle?

»Es tut mir leid«, sagte der Ingenieur. »Es läuft nicht mehr Wasser in den See.«

»Unsinn!«, rief der Vertreter des Präsidenten. »Der Stausee ist voll! Sehen Sie doch!« Und er zeigte auf die glänzende Fläche, die sich weit nach hinten in das alte Flussbett zog.

»Er ist *noch* voll, aber wenn ich so viel Strom liefere, wie die Turbinen hergeben, wird er leer sein, ehe der Monsun kommt! Und dann gibt es gar keinen Strom mehr, für Monate.«

»Sie liefern den Strom, oder wir geben Ihren Job jemandem, der mit uns zusammenarbeitet. Befehl des Präsidenten!«

In den Hochhäusern stank es, hinter den Fenstern glühten die Kochfeuer der Frauen, der Rauch schwärzte die Fassaden, die nutzlosen Aufzüge dienten den Schmieden als Rohstoffquelle. Es schien, als sei mit dem Zusammenbruch der Stromversorgung auch etwas anderes zusammengebrochen. Die Ehrlichkeit der Händler war beim Teufel, Kinderbanden plünderten, was nicht bewacht wurde.

Menschen abhängig zu machen und Notlagen auszunützen ist nicht mehr allein das Gesetz des Handelns von Zuhältern, Prostituierten, Dealern oder Bußpredigern, die uns jene Sünden aufschwätzen, welche wir nachher bei ihnen beichten dürfen. Es ist der Trick der Konsumwelt schlechthin. Überall werden uns Geschenke gemacht, die wir dann teuer bezahlen müssen mit dem Abonnement einer Zeitschrift oder mit der Verpflichtung, mit einem Handy jeden Monat zu telefonieren. Das System ächzt in seinen Fugen, wie ehrgeizige Bieter auf einer Auktion treiben sich Raffgier und Geschenkköder in die Höhe.

In jedem, der sich einige Male hat hereinlegen lassen, wächst eine Spannung, die bei manchen die Grenze zum Betrug verwischt, wie das periodische Abonnieren und Kündigen einer Zeitung, um möglichst viele Geschenke anzusammeln, oder der eigenhändige Kofferklau während der diebstahlversicherten Auslandsreise.

2. Der Event als Ritual der Konsumgesellschaft

Die Person eines »Führers«, von Freud als Antidepressivum und Werkzeug manischer Gleichschaltung der menschlichen Masse interpretiert, löst sich in der Eventkultur auf. An ihre Stelle treten Warenereignisse und Ereigniswaren, die mächtiger als die Individuen, aber in ihren Einflussmöglichkeiten auch schwerer einzuschätzen sind.

Eine beruflich erfolgreiche Betriebswirtin, die wegen ihrer Beziehungsprobleme Hilfe suchte, erzählte mir von ihrer Hochzeit. Diese sei das Einzige gewesen, was sie in dieser Ehe nie bereut habe. Im Grunde habe sie nicht die Ehe geschlossen, um ihre Liebe zu besiegeln, sondern um endlich ihre Traumhochzeit feiern zu können. Sie habe eine mittelalterliche Burg ausgesucht, alle Gäste seien kostümiert gewesen, es gab eine Kutsche und ein Brautkleid mit langer Schleppe, einen Pfarrer, ein kleines Orchester, einen Polterabend mit Brautraub, kurz, alles was dazugehörte.[7]

Es sei ein tolles Fest gewesen, an das sie immer noch gerne zurückdenke. Eine solche Hochzeit musste sie einfach einmal im Leben haben, egal wie sich die Sache nachher entwickelte. Das Zusammenleben hätte später nach sechs Monaten nicht mehr funktioniert. Gut, dass sie ihre eigene Wohnung behalten habe.

Ein neues Automodell des XY-Konzerns soll vorgestellt werden. Die größte Halle des Landes wird gemietet, fünf Tage vorher arbeiten 100 Catering-Kräfte fieberhaft. Ein namhafter Maler gestaltet für ein hohes Honorar eine riesige Leinwand, ein Opfer an das neue Modell: Indem dieses die Leinwand durchbricht, zerstört es auch das Kunstwerk, gefeiert von einer speziell komponierten und von einem ebenfalls namhaften Orchester gespielten Symphonie. Mehrere tausend Presse- und Medienvertreter, Händler und Kunden sind geladen. Der Event kostet einige Millionen, »rechnet« sich aber, weil die Berichte über das Ereignis mehr Raum füllen, als die Herstellerfirma für das gleiche Geld als Werbefläche kaufen könnte.

Anfang Mai 2006 wäre Sigmund Freud 150 Jahre alt geworden. Um diese Zeit waren die Medien voller Freud-Berichte. Es wurden 20 neue Biografien gedruckt, *Spiegel* und *Stern* erschienen mit fast identischen Titelbildern, in denen der bärtige, zigarrenbewehrte Forscher mit einer nackten Frau kombiniert wurde. Jahrzehnte einer Berichterstattung, die Freud als unwissenschaftlich und therapeutisch veraltet darstellte, sind wie nie gewesen. Er hat die Sexualität befreit, die Therapie revolutioniert, die Hirnforschung vorausgeahnt.

»Nach diesem Hype können Sie Freud für die nächsten Jahre vergessen«, erklärt der zuständige Redakteur einem freien Mitarbeiter, der noch einen Artikel beisteuern will. »Da will niemand mehr etwas von ihm hören, so abgenudelt, wie der ist!«

Man kann die Eventkultur nicht verstehen, ohne sich ihrem Paradox zuzuwenden. Kulturentwicklung ist seit Ackerbau, Städtegründung und Rechtsstaat eng mit dem Versuch verknüpft, *möglichst wenige aufregende* Ereignisse zuzulassen. Das Leben des Jägers und der Sammlerin während der Altsteinzeit war aufregend genug. Die Jagd tastet sich von einem Ereignis zum nächsten, große Beute ist ein großes Ereignis, alle Stammesangehörigen versammeln sich, um zu feiern und zu speisen.

Der Bauer hingegen ist froh und dankbar, wenn es im Winter schneit, im Frühling regnet, im Sommer die Sonne scheint, so dass er im Herbst die Ernte einfahren kann. Ebenso der Städter: wenn der Organismus der Stadt funktioniert, keine Brände, Revolten oder Belagerungen Unruhe schaffen, keine spektakulären Verbrechen geschehen.

Die menschliche Kultur suchte von Anfang an, Unvorhersehbares zu ritualisieren, es vorhersehbar zu machen und es zu regeln. Geschriebene Gesetze sorgen dafür, dass dem Richter wie dem Angeklagten klar ist, was wie zu strafen sei. Die Naturwissenschaft hat Ereignisse entdramatisiert. Wir können berechnen, wann sich die Sonne verfinstern wird, wir können erklären, warum Epidemien ausbrechen und wie wir sie verhindern können. In den modernen Gesellschaften haben Technik und Bürokratie erreicht, dass dramatische Ereignisse selten geworden sind.

Der altsteinzeitliche Jäger begegnete einer Schlange, einem Löwen, einem Büffel; jedes Mal produzierte sein Organismus Stresshormone, erlebte er Ängste, Beute zu werden, Glücksgefühle, Beute zu machen. Der Sachbearbeiterin wird das nicht ins Büro geliefert. Inszeniert sie sich ihre Säbelzahntiger selbst, indem sie sich in ihren Chef verliebt oder eine Intrige spinnt? Oder gibt sie sich mit den fiktiven Ereignissen zufrieden, die uns umso intensiver von den Medien geliefert werden, je weniger wir sie im realen Leben auffinden?

Der durchschnittliche Polizist in New York feuert höchstens ein Mal zwischen Dienstantritt und Pensionierung auf einen Menschen. Der durchschnittliche Detektiv in einer Kriminalserie tut das jeden Tag. Wer im tropischen Regenwald wandert, trifft tagelang auf kein Tier, das größer ist als ein Frosch oder Schmetterling. Wenn es ein Hollywood-Dschungel ist, kommen binnen Minuten Riesenschlange und Tiger vorbei.

Die optischen Massenmedien haben es dahin gebracht, dass wir wirkliche Ereignisse als inszeniert erleben. Von den Passanten, die das Attentat auf die Twin Towers vom 11. September 2001 beobachteten, dachten viele, es sei ein Stunt für eine Filmproduktion. Wenn Passanten einen Selbstmörder auf einem Dach sehen oder beobachten, wie ein Bankräuber mit einer Geisel aus einem Gebäude tritt, johlen und klatschen sie, als sei das Ganze eine Show.

Wenn ich mich an meine Kindheit erinnere, wundere ich mich, wie wenig meine Umwelt auf Ereignisse von »historischer« Bedeutung reagierte – den Tod Stalins, den Aufstand in Ungarn, den Koreakrieg, den Mauerbau. Die Fußballweltmeisterschaft von Bern war vielleicht das erste Ereignis mit einer im Nachhinein rekonstruierbaren Event-Qualität, allerdings nicht in dem Sinn, dass alle darüber sprachen. Viele blieben von dem Ereignis vollständig unberührt.

Das änderte sich fühlbar in der 68er-Zeit. Damals tauchte der Begriff »Happening« auf. Happening ist Kunst-Ereignis; es war sozusagen ein nicht ganz ausgewachsener Event, spielerisch, kindlich, kreativ, etwas für Avantgarden. Die Studentenbewegung brachte das Happening in die Politik. Damals kündigte sich auch jener subtile Wettlauf an, der bis heute den Event bestimmt: Gelingt es, die Medien für das Problem zu interessieren, auf das aufmerksam gemacht werden soll? Oder entwertet sich ein Anliegen, weil es zur Show gemacht und trivialisiert wird? Heute trösten PR-Fachleute den Kunden, dessen Buch verrissen, dessen Film der Lächerlichkeit preisgegeben wurde, mit dem Schlagwort: »There is no bad publicity!« Jede Aufmerksamkeit ist besser als keine; von den Medien ignoriert zu werden ist ärger als ihr hämischster Tadel.

Die Medien sind zwar untereinander vernetzt, aber der Tanz um das goldene Ereignis-Kalb hat keine strikten Regeln. Manchmal »müssen wir unbedingt auch berichten«, dann wieder »ist das Thema schon von den anderen erschöpft«.

Die Zeugung eines Events verläuft in mehreren Etappen. Ob ein Ereignis überhaupt so weit kommt, hängt von einer Entscheidung ab, die jemand trifft, der veröffentlichen will. Er erfährt von etwas, aus einem Medium, von einer Bekannten, von der Polizei, von einem Informanten, und sortiert: Das ist kein Thema, das ist vor kurzem schon da gewesen und erschöpft. Oder: Das ist ein Thema, das ist wichtig, das könnte mein Medium aufgreifen, und ich selbst kann damit Platz in diesem Medium erobern.

Die Event-Zeugung ist also zuerst einmal daran gebunden, dass genügend ehrgeizige, neugierige, suchende Medienschaffende das betreffende Ereignis für geeignet halten, sich damit Platz in einer Redaktionskonferenz und – wenn sie es durchsetzen können – auch Raum im Blatt, im Sender, auf dem Bildschirm zu verschaffen. Die Situation lässt sich mit dem Verhältnis zwischen Jäger und Hundemeute beim britischen Landadel vergleichen: Der Lord sitzt gelassen auf dem Pferd, während die Hunde jeden Busch durchschnüffeln und nach Wild suchen. Sobald die Hunde etwas aufgescheucht haben, entscheidet der Jäger, ob es sich um jagbares Wild handelt oder nicht. Die Spürhunde konkurrieren miteinander, jeder findet seine Fährte am wichtigsten; der Lord aber wägt ab und bezieht Interessen ein, welche die Spürhunde nicht kennen. Jede »Nachricht« muss von sich behaupten, wichtig zu sein, was heißt: Sie muss sich wichtigmachen. Die Eventkultur lebt von einer Inflation der Superlative.

Superlative kompensieren unsere Unsicherheit. Wo alles zur Skala wird, bietet der höchste Wert einen prekären Halt über den Abgründen der Bedeutungslosigkeit. Nationalismus ist einer der beliebtesten und billigsten Superlative. Wenn es im Sport um die eigene Mannschaft geht, ist schon seit vielen Jahren Superlativismus selbstverständlich. Jeder Sieg wird auf der Fan-Meile in einem stereotypen Ritual mit Fahnen und Hupkonzerten begangen, kopflose Menschen in dachlosen Autos.

Vor 100 Jahren schlachtete man ein Schwein, wenn es drei Jahre alt war. Dann hatte es genug Fett und Fleisch angesetzt, um jenen Braten zu liefern, der Älteren in Erinnerung ist und den es gegenwärtig sauteuer im Bioladen gibt. Heute werden die mit zusätzlichen Rippen und einer genetischen Begabung zu schnellem Fleischansatz gezüchteten Schweine in acht Monaten schlachtreif gemästet. Ein Sophist hat die Entwicklung hochgerechnet und ist zu dem Ergebnis gekommen, dass wir irgendwann die Sau schlachten werden, ehe sie geboren ist.

Don't sell the steak, sell the sizzle! Verkaufe nicht das Steak, verkaufe sein Zischen in der Pfanne, verkaufe die Vorfreude, die Erwartung, das Symbol! Appelliere an die manische Abwehr, an die Illusion von Grandiosität, an den Glauben.

Politik ist von Max Weber mit dem langsamen Bohren dicker Bretter verglichen worden. Daraus ist kein Event zu machen, es sei denn, wir schießen mit einer Laserkanone auf das Brett, so dass es unter einem Lichtblitz verdampft. Wo ein Missstand ist, hat der Event-Politiker eine Blitzlösung. Im Event herrscht die Spaltung des primitiven Narzissmus. Gut und Böse sind nicht gemischt. Die Handelnden blenden sich selbst, indem sie Ambivalenzen leugnen. Angesichts von Sexualtätern etwa die, dass wir sicher nicht alle Gefährlichen mit absoluter Sicherheit von den Harmlosen unterscheiden können.

Auch der *Krieg gegen den Terror* fand auf einer Event-Ebene statt, da ihm das Schlachtfeld mangelte. Statt den Terror zu begrenzen, seine Ausnahmequalität, seinen zivilisatorischen Rückschritt herauszuarbeiten, ließ sich die Exekutive von dessen Qualitäten infizieren.

Was daraus geworden ist? Profitiert haben auf Dauer allein die Waffenindustrie und die Konzerne, welche Rohstoffe zusammenraffen. Die Menschen in den »befreiten« Ländern hätten sehr viel mehr Nutzen durch eine Mischung von Verhandlungen und direkten finanziellen Hilfen gewonnen; die Bürger in den Industrieländern hätten durch dieses Vorgehen ihre Staatsschulden begrenzen können, die vor allem in den USA einen gigantischen Militärhaushalt finanzieren. Aber dieses Vorgehen hätte einen militärisch-industriellen Komplex unbefriedigt gelassen, der auch die Massenmedien weitgehend beherrscht.

Manische Abwehr

Im zweiten Band der *Herr der Ringe*-Trilogie schildert Tolkien Sarumans Stimme. Der verführerische Zauberer ist geschlagen, seine Heere vernichtet, seine unterirdischen Fabriken zerstört; er selbst sitzt gefangen in seinem Turm und blickt auf die Ruinen seiner Macht. Dennoch gelingt es ihm mehrmals, die Niederlage nicht nur zu verleugnen, sondern sich selbst als großen Weisen darzustellen, dem nicht das Geringste vorzuwerfen ist. Im Gegenteil: Er erklärt sich großmütig dazu bereit, seine unübertroffenen Einsichten jenen zur Verfügung zu stellen, die er eben noch mit Mord und Brandschatzung überzog und vernichten wollte.

Sarumans Macht liegt in der Art, wie er seine Worte wählt, wobei der Zusammenbruch seiner Selbstüberschätzung immer dann deutlich wird, wenn er erkennen muss, dass ihm nicht alle Zuhörer folgen.

Ein ähnlich gelagerter, freilich nicht fiktiver Fall ist Albert Speer, der während des Dritten Reichs einer der machtvollsten Paladine Hitlers war und mit diesem in einer durch Größenfantasien geprägten Welt lebte. Nach Hitlers Tod setzte Speer die Sieger an die Stelle Hitlers. Er wurde chamäleongleich zum Musterbild eines Irrenden, der sich in Böses verstrickt hatte, ohne zu ahnen, was es war.

So log Speer, er habe von der Judenvernichtung nichts gewusst. Er »erinnerte« sich nicht mehr an seine Idee, 1938 die Juden in Berlin deportieren zu lassen, um Raum für seine Umbauprojekte zu gewinnen. Er leugnete seine Kenntnis der Rede Himmlers in Posen, in der sehr ausdrücklich vom Mord an den Juden gesprochen wurde. Dabei saß er unter den Zuhörern.

Viel kohärenter als Speers Loyalität zu Hitler war sein spezifisches Größenselbst, das nach 1945 den Dienstmann der Alliierten so gut zu spielen vermochte wie vor 1945 den Vasallen des Führers. Als Gescheiterter hatte Hitler seinen Wert verloren. Speer erkannte viel schneller als seine Spießgesellen, dass es jetzt darum ging, einen neuen Anfang zu machen. So erhielt er viel Beifall für seine Fähigkeit, die Wünsche der neuen Bauherrn zu erraten, und kam schneller frei als der in seiner kriminellen Energie weniger gefährliche »Stellvertreter« Hitlers, Rudolf Heß.

Der mittelalterliche Dom verschleierte früher die ungleiche Verteilung von Gütern und von Aufmerksamkeit. Reich und Arm glaubten, gemeinsam einen Dom zu bauen, in dem gepredigt wurde, es sei Gottes Wille, dass die Armen den Reichen gehorchen, seien doch beide dem Gott unterworfen, der in diesem Dom angebetet wird. Da der Dom größer ist als jedes Patrizierhaus, steht auch Gott über allen. Die Macht der Patrizier über die Bürger verschwindet im Schatten des Doms.

Wenn wir den Papstbesuch im Jahr 2007 mit dem Dombau in den Jahren 1250 bis 1450 vergleichen, sehen wir die Veränderungen hin zur Eventkultur. Der Dom brauchte kein Spektakel, er musste nicht an sich erinnern, um nicht vergessen zu werden; er brauchte kein Ritual, um sich zu feiern, er war schon Jahrzehnte da und wuchs durch die handwerkliche Mühe vieler.

Der Papst bietet das Spektakel, weil er es für seine Pflicht hält und lieber nicht an die Stellen im Evangelium denkt, wo das Spektakuläre auf Einflüsterungen Satans zurückgeführt wird. Alles ist inszeniert und wird nachher wieder abgebaut, weil der städtische Erlebnispark oder das Sportstadion auch für andere Events genutzt wird.

Als John Lennon einmal sagte, die Beatles seien bekannter als Jesus Christus, wurde er dafür von den fundamentalistischen Christen in den USA verflucht. Selbst sein späterer Mörder sollte sich auf diese Empörung berufen. Aber die Beatles haben Jesus Christus nicht nachgeahmt; allenfalls imitiert der Papst heute die Popstars.

Als Theodor W. Adorno 1968 die »Kulturindustrie« kritisierte[8], zielte er vor allem auf Filme und Schallplatten mit der von ihm so verachteten Jazzmusik, die heute beide bereits eher zu den von der Eventkultur bedrohten Spezies gerechnet werden. Rationalisten behaupten manchmal, dass Konsumenten durch geschickte Werbung bewogen werden können, alles zu kaufen. Die Praktiker der Reklame lächeln darüber: Sie wissen genau, wie groß der Friedhof jener Produkte ist, die sich durch keine Werbekampagne haben vermarkten lassen.

»Erfolgreich« in dem Sinn, dass es sich gegen andere Events durchsetzen, sie an Bedeutung übertreffen kann, ist ein Ereignisprodukt dann, wenn es ihm gelingt, die Konsumenten dort abzuholen, wo sie sind. Die frühen Hypnotiseure sprachen vom »Rapport«: Wer Menschen beeinflussen will, muss zu ihnen eine enge, als Bindung erlebte Beziehung aufbauen, auf deren Nähe zur Verliebtheit Freud (in *Massenpsychologie und Ich-Analyse*) verweist. Der Event soll packen und nicht loslassen. Daher auch der Beginn seiner großen Zeit in den 1990er Jahren, als mehrere Fernsehprogramme und der Zauberstab der Fernsteuerung in den Konsumgesellschaften Teil der Alltagskultur wurden. Die Möglichkeit, blitzschnell das Ereignis zu wechseln, »wegzuzappen«, was nicht geeignet ist, emotional zu binden, prägt seitdem die Inszenierung von Aufmerksamkeit.

Wer alle Sinne fesselt, hat größere Chancen, diesen Rapport aufzubauen. Daher reicht es bei der Eröffnung einer Olympiade nicht mehr, einfach die Teilnehmer hinter ihren Fahnen einmarschieren zu lassen; vorher wird noch das Stadion unter Wasser gesetzt, tanzen Tausende, erklingt eine spezielle Komposition. Das Münchner Oktoberfest ist seit dem Beginn der Zapping-Ära nicht mehr einfach ein Rummel mit Besäufnis. Man erkennt die Besucher schon von weitem, denn sie haben sich in bayrische Tracht (oder was die Modeindustrie dafür hält) geworfen.

Zeit- und Leistungsdruck nehmen zu. Handwerker und Berater klagen darüber, dass sie schneller fertig werden und billiger arbeiten sollen. Kundenbindungen nehmen ab; Auswahlprozesse werden härter. »Früher kam der Kunde, man vereinbarte Termin und Preis, bekam den Auftrag, arbeitete und bekam sein Geld. Heute muss man das Projekt präsentieren, sich einer aufwendigen Konkurrenz stellen, viele Vorgespräche führen, sich zertifizieren lassen, und ob der Kunde nach der Arbeit zahlen kann?« Solche Aussagen kann man von Handwerksmeistern, Supervisoren, Coachs und Unternehmensberatern hören.

Während die Bindungen in der Arbeitswelt schwächer werden, Siemens, die Post, die Bahn allesamt keine Garantie für eine Lebensstellung mehr sind und der subjektive Druck für viele Leistungsanbieter wächst, werden die Events umfassender. Sie stiften Geborgenheit, machen sich zur Ganzheit, wie das im Trachtenkostüm besuchte Oktoberfest oder die »Dinnershow«, bei der ein (Fernseh-)Koch und ein Kabarett gleichzeitig genossen werden können.

Die Hingabe an den Event soll möglichst total sein; was die heftigsten Identifizierungen auslöst, hat auch die besten Chancen. Daher die Beliebtheit der Castingshows, in denen »ganz gewöhnliche« Menschen auf ihrem Weg zum Sänger, Tänzer oder Quizsieger begleitet werden. Die Schülerinnen, welche Plakate hochhalten, dass sie sich gerne von ihrem Lieblings-WM-Fußballer ein Kind machen lassen würden, werden als Teil der allgemeinen Begeisterung toleriert. Sie drücken die unerfüllbare, aber auch nicht ernst gemeinte Sehnsucht aus, der Event sollte dauerhaft sein, sollte bleiben und nicht wieder verschwinden.

Wenn zwei Events konkurrieren, wird der gewinnen, der mehr manische Abwehr verspricht. Wenn wir akzeptieren, dass die gesellschaftliche Bedeutung des Doms als Zentrum der Stadt dem Mobilitäts- / Markt- / Unterhaltungsraum der Mall weichen musste, trägt es zum Verständnis wenig bei, das als Struktur- und Sittenverfall zu beklagen. Zumal der Dom ja nicht nur für Gutes steht, sondern auch für Inquisition und Engstirnigkeit.

Vom Blickpunkt des Doms ist die Einkaufsmall ein Chaos, ein

mit Lava gefüllter Krater, der ständig neue Probleme kreiert und neue Lösungen für diese von ihm geschaffenen Probleme.

Die Entwicklung der Eventkultur seit dem Ende des Kalten Krieges erfüllt Abwehrfunktionen, von denen in der psychoanalytischen Kulturtheorie nicht die Rede sein konnte. Freud stellte sich technische »Prothesen« vor, wie die Eisenbahn, das Flugzeug, das Telefon. Aber emotionale Prothesen, wie sie die Kulturindustrie liefert, haben sich erst nach seinem Tod zu ihrer heutigen Erlebnisdominanz entwickelt.

Wenn wir Freuds Bild vom »Prothesengott« weiterdenken, kommen wir zum Event als Ware und zur Ware als Event. Die Entwicklung ist in zwei Richtungen gegangen: in die »Software« der Kulturindustrie, der Soaps, der medialen Ereignisse, die – wie *Star Wars* – die unterschiedlichsten Warenwelten vom Spielzeug bis zur Halloween-Maske prägen und so das Gesamtkunstwerk Event schaffen.

Die zweite Richtung betrifft die Prothesen selbst. Sie sind inzwischen weit mehr als Prothesen, sie sind ein zweites Leben, tendieren dazu, Menschen zu ihrem Anhängsel zu machen, zu einem Problemfaktor, der als Autofahrer zu langsam ist, um die Stärke seines Motors und die Schnelligkeit seiner Räder zu bändigen, als Computerbesitzer zu beschränkt, um die technischen Weiten seines Systems zu erfassen, als Handyeigner zu blind, um anders als ein Maulwurf auf vorgebahnten Gängen durch die Vielfalt und den Reichtum an Funktionen zu laufen.

Die Person eines Freud'schen »Führers« löst sich in der Eventkultur auf. An ihre Stelle treten Warenereignisse und Ereigniswaren, die mächtiger als die Individuen, aber in ihren Einflussmöglichkeiten auch schwerer einzuschätzen sind.

Vorstandsvorsitzende und Politiker können sich ihre Tätigkeit nicht mehr ohne ihren Mediencoach vorstellen. Diese Berater sorgen dafür, dass die Führer der Massen sich selbst zu dem Ereignis stilisieren, das ihre Popularität erhält und Angreifern den Wind aus den Segeln nimmt. Nicht der Manager oder der Politiker gestaltet das Ereignis, sondern der Event gestaltet den Auftritt und manchmal sogar die Persönlichkeit des Politikers. Medien, Mediengestalter und die Medien beherrschende Gestalten greifen wie Zahnräder ineinander. Es ist nicht mehr erkennbar, wer jetzt was bewegt oder was wen.

Religion trägt die Menschen nicht mehr, sie schützt nicht vor Gefühlen der Sinnlosigkeit. Der Event ersetzt den Mangel an Stabilität (verglichen mit der religiösen Sinnstiftung) durch Intensität. Dominante Inszenierungen der Eventkultur drehen sich um Preisverleihungen (Oscar, Bambi, Goldene Palme, Nobelpreis) und Wettbewerbe (Olympia, Weltmeisterschaften, Bundesliga, Castingshow). Es kann gar nicht genug Wettbewerbe geben. Neulich las ich von einer Weltmeisterschaft im Bodypainting und in der Airbrushmalerei. Nicht eine dubiose Jury bewertet Sänger oder Tänzer, nein, Deutschland sucht den Superstar.

Die Leitkultur des 19. Jahrhunderts kam aus England und betonte, protestantisch-puritanisch gefärbt, die Tugenden des Understatements. In Preußen hieß es: »Mehr sein als scheinen«. Einer der Ersten, der mit diesem Tabu brach, und zugleich einer der von den Medien gekrönten Pioniere der Eventkultur war der Boxer Cassius Clay. Sein Slogan »Ich bin der Größte« sicherte ihm Aufmerksamkeit, aber auch Kritik der Medien; er galt als »das Großmaul«.

Immer übersteigt die Zahl derer, die gierig nach dem Ruhm haschen und ihn nicht erreichen, die Zahl derer, die tatsächlich bis in das Rampenlicht vordringen und dort einige Augenblicke verweilen. Ein Beleg sind die vielen Kopien, die jede reale und selbst virtuelle Figur produziert, welche den begehrten Glanz gewonnen hat: Elvis Presley oder Marilyn Monroe, Harry Potter oder Luke Skywalker.

Exhibitionismus weckt Neid und verletzende Kritik, die Verletzungen wiederum stimulieren den Exhibitionismus. Die Folge ist das genaue Gegenteil des alten Spruchs: »Wenn du geschwiegen hättest, wärst du ein kluger Mann geblieben!« Ob Schlagersänger, Schauspieler, Tennis- oder Fußballstar – jeder redet oder schreibt sich um Kopf und Kragen.

In der Konsumgesellschaft dominiert die Unübersichtlichkeit und mit ihr Ängste, sich in komplexen Zusammenhängen zu irren, sich täuschen zu lassen, Fehler zu machen. Die Eventkultur wehrt diesen Ängsten, indem sie »Durchblick« und »Kontrolle« *wenigstens über das aktuelle Ereignis* verspricht.

Die Medien produzieren umso mehr Events, die von realer Komplexität ablenken, je weniger gebildet die Käufer sind. Die Schlagzeilen der Boulevardpresse stehen für »menschliche« Events, die jeder verstehen und bewerten kann. Die »seriöse« Presse versucht, Sachthemen voranzustellen. Aber kein Massenmedium wird auf den Event verzichten. Über den neuen Potter-Band, den Tsunami oder die Fußball-WM berichten *alle* Medien, keines wird das Thema ignorieren.

Stars einer Vorabendserie haben nicht selten Ärger mit Zuschauern, die sie auf der Straße treffen und so distanzlos behandeln, als ob sie nicht die Schauspielerin B., sondern eine bis in die Details ihres Liebeslebens vertraute Freundin vor sich hätten, der gegenüber sie schon immer den einen oder anderen Kommentar abgeben wollten (»Hey, was du mit dem X gemacht hast, das war wirklich nicht richtig, eine anständige Frau tut das nicht!«).

Solche Reaktionen sind in der Eventkultur weder zufällig noch beliebig, sondern zu erwarten. Die TV-Serie schafft eine künstliche Heimat, ein Zuhause, das es erlaubt, den Mangel an Beziehungen und interessanten Personen im Alltag zu leugnen. Die Serienheimat stellt dörfliche Verhältnisse her, es ist immer etwas los, immer kommt jemand vorbei und lädt zur Party ein.

Der Event wehrt die Monotonie und Öde ab, welche durch Arbeitsanforderungen entsteht, in denen immer gleiche Prozesse eine schwer erträgliche Monotonie verbreiten: jeden Tag ins Büro fahren, sich an den Bildschirm setzen, die Vorgänge abarbeiten.

Die Eventkultur schafft zyklisch im Jahresablauf verwurzelte Ereignisse, die den Alltag gestalten helfen: der Weihnachtsmarkt, das Silvesterfeuerwerk, der Fasching / Karneval. In den gegen Routine gesetzten Riten ist die Eventkultur nicht wählerisch, sondern unersättlich. In den letzten Jahren haben sich neue »Volksbräuche« (Halloween, der Weihnachtsmann) durchgesetzt.

Als meine älteste Tochter 1987 Abitur feierte, saßen wir in Straßenklamotten in der Turnhalle an Tischen, es gab Brezeln und Bier, das Schulorchester spielte, die Zeugnisse wurden ausgehändigt. Als 2002 meine Jüngste dran war, trug sie ein ausgeschnittenes schwarzes Kleid, die Räume waren speziell angemietet, es kostete Eintritt, es gab Champagner, die Zeugnisverteilung war mit Musik untermalt und um eine Darbietung im Stil einer Oscarverleihung bereichert, bei der drei Anwärterinnen oder Anwärter für Titel wie »die süßeste Maus« oder »das Mädchen mit den schwärzesten Augenringen« nominiert und dann die Gewinnerin ausgerufen wurde.

Der Event weckt in vielen Beteiligten gleiche Gefühle und befreit sie daher von Fantasien der Vereinsamung und Vereinzelung. Er ist totalitär und demokratisch zugleich: totalitär, weil er alle Sinne beansprucht, wie das Hitler so teure »Gesamtkunstwerk« der politischen Manifestation, demokratisch, weil er nicht funktioniert, wenn ihn die Massen nicht mögen, und in jedem Fall alsbald dem nächsten Event seinen Platz überlassen muss. Wenn der Papst Deutschland jeden Monat besuchen würde, wäre das Ereignis bald keine Schlagzeile mehr wert.

Der Event tritt an die Stelle des idealisierten Führers. Die klügeren unter den (potenziellen) Führern achten sorgfältig darauf, sich nicht zu früh durch zu viel Aufmerksamkeit zu verbrennen. Die Event-Demokratie feiert die Demontage des Helden so gut wie seinen Aufstieg.

Die Event-Orientierung in der Politik begünstigt medienwirksame Lösungen und die Verschiebung von Problemen in die Zukunft. Fast alle Konsumgesellschaften sind überschuldet.

Wir empören uns über mafiöse Strukturen, welche keine Skrupel kennen, giftigen Müll im Meer zu versenken oder ihn an die Potentaten von weniger entwickelten Staaten zu verkaufen. In den USA und in Europa gibt es aber viele Belege für eine ähnliche Skrupellosigkeit, was die Delegation der Folgen von Schuldenmacherei an künftige Generationen angeht. »Stabilitätspakte« werden als Event inszeniert – dabei werden nur neue Schulden gemacht. Sie verheißen seriöses Wirtschaften und sind kurz danach schon wertlos, weil auf eine neue Krise reagiert werden muss.

Wer ein solides Floß bauen will, darf keinen Event veranstalten. Er muss die Materialien sorgfältig prüfen; das braucht Kenntnisse und kostet Zeit. Was nur schön aussieht und keinem Sturm standhält, ist nicht brauchbar. Dem unsoliden Versprechen zu misstrauen kann lebensrettend werden. Es ist eine der schwierigsten und gleichzeitig auch für das menschliche Überleben wichtigsten seelischen Leistungen, die rosigen Wolken der manischen Abwehr zu durchschauen, die im Konsumismus allgegenwärtig ist. Sie tritt harmlos auf als der Irrglaube, wir könnten durch Leistung und Anpassung unser persönliches Leben kontrollieren, oder großspurig mit dem Versprechen, wer nur etwas energisch genug wolle, der werde es auch erreichen. Sie steckt im Perfektionismus, der unerreichbare Ziele vorgibt und uns mit dem Gefühl elenden Scheiterns zurücklässt, ebenso wie in dem Streben nach Optimierung, das auf die Paradoxie hinausläuft, das Beste besser zu machen – und im Ergebnis oft dazu führt, etwas Gutes zu verschlechtern.

3. Das trojanische Pferd

> Weil die Szenen in der Television eindrücklicher sind als die Szenen in meinem Leben, schwindet die Befriedigung an dem, was ich wirklich erlebe, während umgekehrt die Betrachtung der überoptimalen Szenen mich ebenfalls unbefriedigt lässt, da sie nicht real werden.

Achilles war tot, es wurde die Stunde des Odysseus. Dieser ersann einen Betrug: das dem Poseidon geweihte Ross den Trojanern als Abschiedsgeschenk anzubieten. Die Trojaner glaubten sich vom Krieg erlöst. Sie holten ihren Untergang in den Ring ihrer Mauern; die versteckten Kämpfer öffneten die Tore, Troja wurde geplündert und verbrannt.

Auch wir haben in der Hoffnung auf ein Geschenk und künftigen Frieden Gefahren in unsere Welt geholt, die eine globale Brandkatastrophe nicht mehr unmöglich erscheinen lassen. Charles Perrow[9] hat 1988 die unvermeidlichen Risiken der Großtechnik analysiert und vorausgesagt, was tatsächlich auch bei den folgenden Super-GAUs geschah: Die am stärksten Betroffenen werden als Letzte informiert, die Störung wird zunächst als Versagen eines Details bagatellisiert, um die Frage nach dem gefährlichen Gesamtsystem gar nicht erst aufkommen zu lassen. Ist das Risiko nicht mehr zu leugnen, wird die Großtechnologie als notwendig dargestellt, wenn wir nicht zurück in die Steinzeit wollen.

Es gibt praktisch keine Chance, sich auf solche Szenarien vorzubereiten oder vor ihnen zu schützen. Die Katastrophe trifft das Bäuerlein, das mit einer Petroleumlampe zu Bett geht, ebenso wie den Luxuskonsumenten. Sie verseucht das Anwesen mit der Solarzelle auf dem Dach ebenso wie die Aluminiumfabrik. Anders als bei einer Vulkankatastrophe oder einem Erdbeben müssen sich die Opfer zusätzlich mit dem Gedanken auseinandersetzen, dass ihr Unglück vermeidbar gewesen wäre. Wer von den Hunderttausenden, die an den Folgen der Atomkatastrophen leiden und von denen die meisten noch nicht geboren sind, hatte eine Wahl zwischen den Segnungen der Verschwendungselektrifizierung und der Zerstörung von Heimat und Leben?

Großtechnik ist immer auch Technik, die extreme Abhängigkeiten erzeugt, und Technik, die für einen Einzelnen nicht mehr überschaubar ist, die er nicht verstehen und reparieren kann. Als der Tsunami das Atomkraftwerk in Fukushima zerstörte, gelang es den Experten der Betreiber lange Zeit nicht, überhaupt zu verstehen, was nun genau passiert war und welche Folgen welche Einbrüche in den komplexen Ablauf haben würden.

Sie wussten nicht, woher die in der Umgebung gemessene Radioaktivität kam, und sie konnten nicht sagen, ob nun der Reaktor selbst oder die Becken für die Abkühlung der Brennstäbe die größere Gefahrenquelle sei. Man geht wohl nicht fehl anzunehmen, dass eine genaue Aufklärung der Prozesse in einem beschädigten Atomkraftwerk erheblich schwieriger ist als die Konstruktion selbst. Ähnlich ist es auch leichter, ein Auto mit einem hohen Anteil an brennbaren Kunststoffen zu bauen, als vorauszusagen, was nun mit der Umwelt geschieht, wenn ein solches Auto tatsächlich in Brand gerät, wenn Treibstoff, Öl und die unterschiedlichen Plastikmaterialien ineinanderschmelzen und entflammen.

Seit der *Titanic* wissen wir, dass die Konstrukteure von technischen Wunderwerken nicht an Rettungsboote denken. Sie sind extrem auf ihre Manie des Funktionierens fixiert und vergessen, dass jedes Schiff untergehen, jede Technik versagen kann. Bedenkenlos werden uns extreme Abhängigkeiten als sicherer, bequemer Fortschritt verkauft, angefangen von den Gasheizungen in Einfamilienhäusern, die auf zwischen Sibirien und Mitteleuropa ungestörte Pipelines angewiesen sind, bis zu den Stromnetzen oder dem *cloud computing*, das einfach davon ausgeht, dass die Server im Internet alles bewahren und spenden, was die Nutzer erwarten. Wer einen Ofen hat und ihn mit Holz aus dem Niederwald bei seiner Hütte versorgt, wer mit Tinte auf Papier schreibt und mit dem Rad zur Arbeit fährt, bleibt bescheiden auf der sicheren Seite. Vorbild kann sein Leben nur für wenige sein, zu denken geben sollte es allen.

In den Anfängen der Industrialisierung war klar, dass die Versorgung aller Menschen mit lebensnotwendigen Gütern harte Arbeit und ständiges Ringen mit Widerständen der Materie und mit rückständigen sozialen Strukturen voraussetzt. Gleichzeitig machte sich der Optimismus breit, dass der wissenschaftliche und technische Fortschritt moralische Fortschritte ermöglichen, ja erzwingen würde. Anders als die neolithische Umwälzung durch Ackerbau und Viehzucht beruhte die industrielle Revolution auf durchdachten Projekten. Das weckte die Zuversicht, es müsse möglich sein, auch Humanität zu planen.

Mit dem Schritt zur Konsumgesellschaft hat sich diese Situation verändert. Ihre Anfänge liegen in den Desillusionierungen des Ersten Weltkriegs. In den Materialschlachten starben Millionen für die Borniertheit eines autoritären Systems, das ihre Begeisterung ausbeutete. Die Idee einer Gemeinschaft aller Gebildeten war verloren. Die siegreichen Länder bewältigten diese Enttäuschung durch die Orientierung an den neuen Werten des Konsums. Bei den Verlierern entstanden Faschismus, Nationalsozialismus und Stalinismus.

Die Folgen waren neokolonialistische Eroberungskriege (wie die der Italiener in Abessinien), die mit größter Brutalität geführt wurden, und innere »Säuberungen«. Im Nazi-Deutschland stand der Jude für den »Kriegsgewinnler«, der auf Kosten der darbenden Frontsoldaten schmarotzt. Trotz des Luxus, in dem die Parteiführer lebten, wurden dem Volk asketische Ideale gepredigt. Die ironische Verachtung, mit der bis heute Wachstums- und Konsumkritiker rechnen müssen, hängt in Deutschland mit einem verspäteten Trotz gegen die NS-Propaganda (»Wollt ihr Butter oder Kanonen«?) zusammen.

Nach dem letzten Weltkrieg siegte der Konsumismus zuerst über die Faschisten und mit einer gewissen Verzögerung auch über die Stalinisten. Zur Konsumgesellschaft gehört, dass sie bisher keinen Denker hervorgebracht hat, der ähnlich überzeugend ihre Grundsituationen darstellt, wie es die Philosophen der Industriegesellschaft getan haben: Schopenhauer, Nietzsche, Darwin, Marx und Freud. Die Ursache liegt in dem regressiven Prinzip der Konsumgesellschaft, die in der Event-Orientierung eine völlig neuartige Umgangsform mit Informationen mitbringt. In ihr verbrauchen sich Ideen schnell.

Bürgerliche Autoren des 18. Jahrhunderts unterstellten der untergehenden Feudalgesellschaft das Motto: »Nach uns die Sintflut.« Diese Position schien ein Zeichen, dass die herrschende Klasse bis ins Mark verfault war. Die Konsumgesellschaft unserer Tage hat den Spruch der verwöhnten Nobilität leider zur Massenbewegung gemacht und in ihrer Inszenierung der Klimakatastrophe mit Inhalt gefüllt.

In dieser Entwicklung steckt etwas Ungeplantes, Zufälliges, weil nicht mehr Personen den historischen Prozess gestalten, sondern anonyme Waren. Die Verbindung zwischen Anstrengung und Erfolg hat sich aufgelöst. Parallel zum Triumph der optischen Medien verlieren Bücher und Zeitschriften an asketischer Qualität. Sie bemühen sich, dem Leser jede Anstrengung zu ersparen.

Die Ware beansprucht einen wachsenden Bereich der psychischen Realität. Die Dinge gestalten keine progressiven Welten, wie Raketentechnik und Weltraumfahrt der 1960er Jahre. Sie bieten Rückzugsmöglichkeiten aus einer gestörten und zerstörten Welt. Die typische Sequenz einer Autoreklame ist, dass sich ein Zündschlüssel dreht, ein Motor brummt, eine elegante Karosse im besten Licht über freie Straßen durch schöne Landschaften eilt und schließlich an einem stillen Platz im Gebirge oder am Meer stehen bleibt. Verkauft wird die Fantasie, der Zerstörung, dem Lärm und dem Gift zu entgehen, welche die beworbenen Vehikel produzieren.

Vor der Entdeckung der Massenmedien gab es keine narzisstische Verwöhnung. Wer sich in den Vordergrund spielen wollte, musste sich selbst von Angesicht zu Angesicht bemühen. Die narzisstische Befriedigung, mehr Aufmerksamkeit zu erhalten als andere, wird heute zum Gegenstand einer Dienstleistung. Aufmerksamkeit existiert in den Medien sozusagen in chemisch reiner Form. Ein Verhalten, das an die Wettbewerbe kleiner Jungen erinnert, wer am längsten die Luft anhalten, am weitesten pinkeln oder die meisten hart gekochten Eier essen kann, wird zum Thema Erwachsener, die sich bis zur Erschöpfung quälen, um einen Dauerrekord im Rollschuhlaufen, Küssen oder Skatspielen aufzustellen, wenn möglich unter Wasser.

Die Events, mit denen die Medien uns umgeben und in deren Ausgestaltung sie miteinander konkurrieren, hinterlassen eine diffuse Mischung aus unheimlich und doch nicht wahr. Gegenstück der Panik, welche Urlauber nach einem Terrorakt von ihrer geplanten Reise zurücktreten lässt, ist die Unverwundbarkeitsfantasie. Wenn so oft so viel übertrieben wird, könnte doch alles irgendwie auch ganz harmlos sein.

Eine Metapher zum Verständnis der Medienwirkungen ist das Experiment Niko Tinbergens[10] mit den »überoptimalen« Reizen. Tinbergen bot brütenden Möwen ein künstliches Ei an, das ähnlich bemalt war wie ihr eigenes, aber erheblich größer. Die Tiere bebrüteten die Attrappe, auf der sie nicht richtig sitzen konnten, und ließen ihre eigenen Eier daneben verfaulen.

Das größere Ei ist »mehr« Ei als das kleinere. Es sendet intensiver in das Nervensystem der Möwe, appelliert nachdrücklicher an ihren Brutinstinkt. Die Konkurrenz der Waren, die sich im Bewusstsein der Konsumenten inzwischen als Konkurrenz von Identitäten spiegelt, führt dazu, dass die Bindungen an überoptimale

Reize zu einem Teufelskreis von Abhängigkeiten führen. Weil die Szenen über Liebe und Hass in der Television weit besser sind als die Szenen von Liebe und Hass in meinem Leben, schwindet die Befriedigung an dem, was ich wirklich erlebe, während umgekehrt die Betrachtung der überoptimalen Szenen mich ebenfalls unbefriedigt lässt, weil sie immer gleich weit von der Realität entfernt bleiben. So zappe ich mich mit erneut enttäuschter Befriedigungshoffnung in das nächste Programm.

Da jede Warenidentität danach strebt, einen besseren Eindruck zu machen als ihre Wettbewerber, fühlen sich die Menschen dauernd in einer Konkurrenzsituation. Die Realität gewährt keine narzisstische Stabilität mehr. Der Konsumismus entspricht einer verlangsamten Panik, dem Streben, im Konkurs des anderen sein eigenes Guthaben zu erraffen.

Es geht aber nicht nur um den Komfortschritt. Mindestens ebenso wichtig sind *Sinnstiftungen*, narzisstische Befriedigungen, welche durch die Partizipation an bestimmten Warenfeldern hergestellt werden. Sinn wird zum Event. Er ist gesellschaftlich abbaubar und löst sich, wie umweltfreundliches Plastik, im Licht der öffentlichen Aufmerksamkeit rasch auf. Der alte Event schwindet so rapide, wie der neue hektisch produziert wird.

Meinungsmarketender – Talkmaster, Magazinmoderatoren, Redakteure, Literaturkritiker – gewinnen ihre Macht, indem sie Events erzeugen. Sie nehmen in der Regel an, dass sie denen, über die sie herfallen, einen Gefallen tun. Es ist derselbe Gefallen, den ein Geschäftemacher den Bewohnern der griechischen Insel tut, deren Buchten er für Feriendörfer erschließt.

Die Unfähigkeit, zwischen Scharlatanerie und ernsthafter Arbeit zu unterscheiden, hängt mit dem Bedeutungsverlust des Handwerks zusammen. Der bengalische Mystiker Rabindranath Tagore hat einen typischen Verfallsprozess beschrieben, als er das *Debbie* und das *Chatti* miteinander verglich. Beides sind Gefäße, mit deren Hilfe die indischen Frauen Wasser in ihren Haushalt bringen.

Das Debbie ist ein Blechkanister, der früher Öl oder Benzin enthielt; das Chatti ein Krug, den der Dorftöpfer macht. Das Debbie ist praktisch umsonst zu haben und zerbricht nicht; das Chatti ist handwerklich hergestellt und schön. John Seymour setzt hinzu, »dass selbst eine hübsche Frau mit einem Debbie auf dem Kopf hässlich aussieht, während auch eine weniger schöne Frau mit einem Chatti auf dem Kopf graziös wirkt. Außerdem ... trägt der Gebrauch des Chatti dazu bei, einem Freund und Nachbarn im Dorf eine Lebensgrundlage zu geben, während das Debbie vorwiegend zur Verschmutzung und Entwürdigung unseres Planeten beiträgt.«[11]

Die Lösung der Konsumgesellschaft ist es, den Chatti und den Debbie, die Plastiktüte und den Korb in Konkurrenz zu setzen, mit der Folge, dass die Armen den Schund benutzen und die Reichen die handwerklich gearbeiteten Gegenstände. In der Toskana erkenne ich die städtischen Pilzsucher daran, dass sie handgeflochtene Körbe tragen, während die Bauern mit einer Plastiktüte in den Wald gehen.

»Der besondere Charakter von Naturmaterialien erfordert vom Handwerker eine Disziplin, die ihn zwingt, etwas herzustellen, das sowohl zweckmäßig als auch schön ist. Es sind die Fasern des Holzes mit ihrer Eigenschaft, an manchen Flächen leichter zu splittern als an anderen, die den Schreiner, den Wagner, den Böttcher, den Drechsler oder den Bootsbauer zwingen, das Holz auf bestimmte Art zu formen, die positiven Eigenschaften des Holzes auszunutzen und die negativen auszugleichen. Das alles bedingt die Schönheit hölzerner Gegenstände. Außerdem zwingt es den Holzbearbeiter zur Auseinandersetzung mit den Geheimnissen seines Arbeitsmaterials und seiner Handwerkskunst. Das macht den Handwerker zum Künstler. Es waren die begrenzten Eigenschaften des Steins als Baumaterial, welche Architekten über die Jahrhunderte hinweg zwangen, schöne Strukturen wie Bogen und Gewölbe, Säule, Arkaden und Strebebogen zu konstruieren. Stahlverstärkter Beton hingegen kann zu jeder beliebigen Form verarbeitet werden, weshalb daraus nur selten etwas wirklich Schönes gebaut wird.«[12]

Die Handarbeit, die wir in den Relikten einer vorindustriellen Epoche finden, hat das menschliche Leben in einen anmutigen Bezug zur Umwelt gebracht. Wir bewundern Bauernhäuser, Nomadenzelte, die Lehmbauten in Afrika und Asien, die mexikanischen Pueblos und mittelalterliche Städte wie Venedig oder Schibam im Jemen.

Überall ist das, was Menschen mit ihren Händen gemacht haben, schön und mit der Landschaft verwachsen. Was uns beeindruckt, ergab sich aus einer Integration von ästhetischem Bedürfnis und materiellem Zwang. Die individuelle Innovationsdynamik wurde durch die Widerspenstigkeit der Naturstoffe in einen ästhetischen Kontext eingebunden.

Es war notwendig, mit dem zu arbeiten, was vor Ort verfügbar ist. Daher stehen in den kanadischen Wäldern Blockhütten, verbindet sich der Lehmputz der jemenitischen Häuser mit der Farbe der Wüste und die Struktur provenzalischer Gehöfte mit den steinübersäten Weidegründen der Hügel. Weil es im Himalaya wenig Ton gibt, aßen die Tibeter nicht aus keramischen Gefäßen, sondern aus gehämmerten Messingschalen oder hölzernen Schüsseln. Aus demselben Grund wohnten die Prärieindianer nicht hinter Wänden, sondern in Zelten aus Büffelhäuten. Die Häuser in den Flusstälern sind aus dem Geroll der Strombetten gebaut, die Häuser im Gebirge aus dem anstehenden Fels. Was von weit her kam, musste klein sein und leicht; Glasfenster beispielsweise oder Bernsteinperlen. Diese Notwendigkeiten führten nicht immer zur Schönheit, aber sie schützten meist vor dem Hässlichen.

4. Intelligenz und Politik

> Der Jeep mit Ledersitzen und Klimaanlage wird niemals im Gelände fahren, aber er festigt den Traum von der Dschungelsafari im Ampelstau.

Im Konsumismus gibt es keine Unterscheidung zwischen intelligentem und dummem Komfort. Komfort ist gut, Mühe schlecht, es sei denn, sie ist Sport. Das Selbstbewusstsein ist nur dort gut strukturiert, wo sich der Bürger als Spezialist oder Professioneller fühlt. Die Identität des Konsumenten, welche die Breitendimension füllt, hängt vorwiegend davon ab, ob es gelingt, befriedigende Mengen dessen zu erhalten, was zum Wohlbefinden fehlt.

Für Politiker ist die wachsende Abhängigkeit des Einzelnen eine akzeptierte Basis eigener Machtentfaltung. Deshalb idealisiert er den Apparat, der ihm diese Möglichkeiten bietet. Aber auch die Mächtigen sind Anhängsel einer Megamaschine aus Konsumenten und Produzenten. Sie besitzt eine Eigendynamik, die niemand mehr steuert und deren Zerstörungskraft jeder erkennt, der geistig in der Lage ist, sich so weit von diesem Apparat zu entfernen, dass er ihn von außen wahrnehmen kann.

Ist dieser Blick von außen mit dem Gewinn der Macht im Inneren des Apparats unvereinbar? Vom Grundsätzlichen abgeschreckt, wenden sich Kaufleute und Politiker dem Machbaren zu, wo sie Kompromisse finden und Verteilungen vornehmen können, die ihrer Macht nützen. Man richtet eine Kommission zur Verbesserung der Sicherheit von Atommeilern ein oder baut Rauchgasentschwefelungsanlagen für die Schornsteine der Kohlekraftwerke. Der Einsichtige kann nicht leugnen, dass sich durch solche Manöver die Misere wenig ändert. Aber die Mehrheit der Bevölkerung achtet weniger auf diese Beobachtungen als auf die optimistischen Illusionen der Politiker und die Verwirrspiele der Medien.

Die *Titanic* ist durch den falschen Kurs, den die Schiffsoffiziere steuerten, an einem Eisberg gescheitert. Das ändert wenig daran, dass sich die Passagiere nicht dem Sonderling anvertrauen, der den Genuss des Captain's Dinner durch Warnungen stört. Wer seine Freunde verrät, verliert unsere Achtung. Aber wie sollen wir den Betriebsrat des Rüstungskonzerns beurteilen, der die Produktion von Landminen toleriert, um Arbeitsplätze seiner Kollegen zu schützen?

Industrielle Strukturen überfordern eine Moral, die sich an emotionalen Beziehungen orientiert. Ähnlich wie dort Konstrukteure und Arbeiter weitab von den potenziell blutigen Folgen ihres Fleißes leben und empfinden, sind im modernen Krieg auch Täter und Opfer durch Entfernungen getrennt, die verlässlich vor Schmerzensschreien schützen. Der Krieg des Jetpiloten unterscheidet sich vom Trojanischen Krieg wie das Videospiel vom Schlachthof.

Der Angehörige einer traditionellen Kultur wird nicht durch sein moralisches Urteil, seinen kategorischen Imperativ oder seine Einsicht in Ökobilanzen motiviert, so zu leben, wie es für das Überleben der Menschheit optimal ist, sondern durch eine Umwelt, die ihn jeden Tag in einem Zug über Notwendigkeiten belehrt und ihn zwingt, sich an ihnen zu orientieren. Wir müssten also beginnen, Umwelten herzustellen, die uns in dieser oder ähnlicher Weise dauerhaft überleben lassen.

Altsteinzeitliche Kulturen sind von Anthropologen wegen mancher »modernen« Qualitäten gelobt worden: demokratische Herrschaftsprinzipien, Konfliktlösungen durch räumliche Trennung, Kindererziehung ohne Prügel.[13] Erst in agrarischen Kulturen wird geprügelt. »Das Ohr des Schülers sitzt auf seinem Rücken. Er hört nur, wenn man ihn schlägt«, lautet ein altägyptischer Text. »Zerschlage seine Rippen, solange er noch klein ist«, heißt die verwandte Botschaft der Bibel (im Buch Jesus Sirach).

Ein Jäger und Sammler muss wenig innere Barrieren haben, weil er kein Saatgetreide und kein Zuchtvieh hat. In der Industriegesellschaft sind die äußeren Zwänge – Hunger, Eisen und Peitsche – durch verinnerlichte Zwänge ersetzt. Die Logik dieser Entwicklung liegt darin, dass die hochwertigen Geräte, mit denen in den Fabriken produziert werden musste, nur von *motivierten* Arbeitern bedient werden konnten. Mit zunehmender Entwicklung der Industrie- zur Dienstleistungs- und Konsumgesellschaft wachsen die Leistungsforderungen ebenso wie die Kniffe, mit denen Menschen motiviert werden. Heute bewältigen viele Menschen den natürlichen Zyklus von Mühe und Ruhe nicht mehr ohne medikamentöse oder psychotherapeutische Hilfe. Sie denken auch nach Feierabend an eine Arbeit, die sie ängstigt und überfordert.

Handwerksberufe haben durch einen hohen Grad der Maschinenhilfe ihr Gesicht völlig verändert. Die Arbeitsplätze in der Industrie gleichen sich in der Forderung nach konzentrierter Steuerung eines technischen Geschehens mehr und mehr. Dem Erdarbeiter, der einen Bagger lenkt, dem Schlosser, der einen Industrieroboter programmiert, dem Lkw-Fahrer, dem Sachbearbeiter am Bildschirm ist ein ausgewogenes Verhältnis körperlicher und geistiger Anstrengung ebenso erschwert wie ein rhythmischer Wechsel von Anspannung und Erholung.

In der Industriegesellschaft wurden alle innerbetrieblichen Kontaktmöglichkeiten so gestaltet, wie es die Maschinen oder das Fließband geboten. Der letzte Einsamkeitsschub gehört in die Konsumgesellschaft: der Bildschirm. Der Kopfarbeiter sucht nachts – nervös erschöpft, aber körperlich nicht müde – angestrengt nach Schlaf, weil er sich sonst nicht genügend für die Anforderungen des morgigen Tages ausruht.

Höhere Leistungen zu erzielen, ohne auf Glück, Ausgeglichenheit oder Charme zu achten, war die Dogmatik der Industriegesellschaft. Sie hat sich in vielen Bereichen erhalten. Eine neue Tendenz ist aber hinzugetreten: Jetzt soll auch die Lust zur Höchstlust gesteigert werden. Zum Wesen der Konsumgesellschaft gehört, dass sie frühere gesellschaftliche Prägungen nicht aufhebt, sondern diese mit neuen mischt. Alles wird gleichzeitig. Die Individuen sind Mosaike, Wirbelbildungen aus den unterschiedlichsten Strömungen.

Eine parallele Entwicklung lässt sich bei den psychoanalytischen Theorien des menschlichen Selbstgefühls verfolgen. Nach der alten, dem Industriezeitalter verbundenen Auffassung Freuds verhalten sich narzisstische Libido und Objektlibido wie eine Flüssigkeit in getrennten Gefäßen: Je mehr sich jemand selbst liebt, desto weniger Liebe empfindet er für andere.

Nach der neueren Auffassung von Heinz Kohut handelt es sich um kommunizierende Röhren: Je mehr sich jemand selbst liebt, desto mehr Liebe empfindet er auch für andere.[14]

Ein Kaufmann mit den Prägungen der Industriegesellschaft würde weder mit seinem Sohn surfen noch dessen knallbunten Anorak auf der Skipiste anziehen; aber es würde ihm auch nicht einleuchten, was einen Abteilungsleiter bewegen soll, das Mittagessen ausfallen zu lassen und mit einem Pappbecher voll Kaffee und einem Hamburger vor dem Computer sitzen zu bleiben. Das Fast Food und der Quickie sind typische Errungenschaften der Konsumgesellschaft.

Wer statt in Ruhe zu essen eine Pizza hinunterschlingt, kann in der so gesparten Zeit noch in den Videoverleih gehen. Viele Leistungsfixierte sparen für ein imaginäres Mußekonto, das nie eingelöst wird. Die Konsumgüterindustrie stabilisiert solche Lebenspläne. Je stärker sich die Spielräume der Individuen einengen, desto beliebter wurden Offroadfahrzeuge. Der Jeep mit Ledersitzen und Klimaanlage wird kaum je im Gelände fahren, aber er festigt den Traum von der Dschungelsafari im Ampelstau.

Jeder kann heute anfangen, etwas für die Umwelt zu tun! Wer das beherzigt, dem wird bald deutlich, dass durch sein Verhalten andere nicht daran gehindert werden, nachlässig zu bleiben. Es gibt unterschiedliche Reaktionsweisen auf dieses Dilemma. Eine davon ist die Suche nach Sündenböcken. Das moralische Lösungsprinzip wird übersteigert und auf diese Weise ein Teil der Wut abreagiert. Man kann beispielsweise böse Leserbriefe schreiben, weil ein Artikel über ökologische Fragen nicht auf Umweltpapier gedruckt ist, eine politisch grüne Zeitschrift in Glanzfolienkaschierung auf den Markt kommt oder der Autor eines konsumkritischen Buches mit dem Auto in den Urlaub zu fahren pflegt. Wer über seiner Ohnmacht durchdreht, kann SUVs abfackeln oder Pelzmäntel mit Spray markieren. Für die Selbstbesinnung und Veränderung des Systems ist das ungefähr so hilfreich wie die Bombe des Anarchisten.

Andere, vor allem kirchliche Kreise, wollen den Konsumismus mit seinen eigenen Mitteln schlagen. Verzicht soll den Geruch des freudlosen Mangels verlieren und sich zum Ausdruck schierer Lebenslust steigern. Umweltbewusst, das ist gesünder, froher, freier, klüger, schöner und dazu noch moralisch überlegen! Nie vom Weniger reden, das vergrämt. Betonen wir lieber die Freuden der Hausmusik statt des Fernsehens, den Gewinn durch Wanderfreude und Radellust als Teil der autofreien Lebensform.

Solche Appelle an die Lust finde ich problematisch. Starke Motoren und strömende Duschen spenden verwöhnendere Lust als ein Fahrrad oder der Bach, aus dem ich Wasser schöpfe und in meine Hütte trage. Verzicht auf die unendlich vielen überflüssigen Dinge und Bequemlichkeiten der Welt des Konsumismus bringt uns vielleicht manchmal keine Lust, sondern Unbequemlichkeit, dann aber doch einen Gewinn an Unabhängigkeit, an frei gewordener Zeit und Energie, letztlich an Freude am eigenen Tun, an Selbstverwirklichung. *Weniger ist manchmal mehr.*[15] Konsumverzicht macht nicht generell Spaß. Aber er bedeutet auch nicht Verarmung; sondern Reichtum (etwa an Zeit) und neue Möglichkeiten der Kreativität.

Wenn eine Analysandin davon träumt, sich einen Porsche Cayenne zu kaufen, fällt es mir nicht schwer, einfühlend mit diesem

Bedürfnis umzugehen, möglichst stark daherzukommen und dafür Geld und Treibstoff auf den Kopf zu hauen. Das ist weder vernünftig noch mein Ding, aber es ist auch nicht böse und gegenwärtig absolut legal. Als Therapeut suche ich dann nach Möglichkeiten, das Selbstgefühl der Patientin weniger auf solche Krücken angewiesen sein zu lassen. Ihr den gegenwärtigen Wunsch schlechtzureden erfüllt diese Funktion nicht, im Gegenteil.

Als ich vor bald 30 Jahren mit einem kleinen Diesel in die Schweiz zu einer Tagung über Umweltpädagogik fuhr, kam mir der Einfall, dort doch den Kauf von Autos mit zwölf Zylindern zu empfehlen, weil dann die Erdölvorräte schneller erschöpft sind und daher die unausweichliche Entwicklung einer ökologisch stabileren Kultur auch rascher einsetzt. Ich ließ das dann bleiben, weil Ironie etwas ist, das Pädagogen manchmal nicht verstehen. Zudem war ich nicht sicher, ob ein so zynischer Rat in die erwünschte Richtung weist. Ist es leichter, vom Dreiliterauto auf ein Fahrrad umzusteigen? Oder tut das sogar lieber, wer die Orgasmen der Geschwindigkeit ausgekostet hat?

Jedenfalls wissen wir zu wenig über die Zukunft, um völlig sicher zu sein, dass moralisch richtig handelt, wer dem Nachbarn sein SUV zerkratzt. Im Gegenteil: Es rechtfertigt sich in genauer Güterabwägung nicht, Menschen moralisch unter Druck zu setzen, sie zu kränken oder dafür zu bestrafen, dass sie etwas konsumieren, was ich für unverantwortlich und umweltschädlich halte. Erst müssten wir entsprechende Regeln für die Allgemeinheit finden; der Rest erledigt sich von selbst.

Lange Zeit haben sich die Konstrukteure gar keine Gedanken gemacht, was aus ihren Produkten werden soll, wenn sie nicht mehr ihrer ursprünglichen Funktion dienen. Widerwillig und unter Druck finden sich inzwischen die Produzenten bereit, komplette Produktzyklen zu erwägen, in denen »Altgegenstände« nicht mehr einfach der Umwelt zur Last fallen, sondern etwas wie eine geordnete Entsorgung dem Produkt mit in seine Wiege gelegt wird.

Aber wir sind von einer konsequenten Anwendung dieses Gedankens noch sehr weit entfernt, noch weiter von Produkten, die sich angesichts des Zusammenbruchs der Großtechnik in verwertbare Teile zerlegen lassen.

5. Fortschritt wohin, Wachstum wozu?

> Die Ufer sind mit den Knochen der Seefahrer bedeckt, die *dachten*, die *überzeugt waren*, die *den Vorsatz gefasst hatten*, dem Gesang der Sirenen zu widerstehen.

In der modernen Gesellschaft ist jeder seines Glückes Schmied. Identität wird vor allem als spezialisierte Leistung oder als Teilhabe an stark idealisierten Konsumgütern erlebt. Lange vor aller pädagogischen Absicht wird Kindern vermittelt, nicht aus einem Konkurrenzsystem herauszufallen, jede Niederlage entweder zu vermeiden oder mit schlechtem Gewissen zu bezahlen. Der Erwerb dieser Einstellungen beginnt früh und ist so ungerichtet, dass ein allgemein erhöhtes Niveau der körperlichen und seelisch-geistigen Spannung auftritt.

Bei vielen Menschen führt dieser Progressionsdruck zu psychosomatischen Erkrankungen des Muskelsystems, der Gelenke und des Magen-Darm-Trakts. Die Muskeln werden unbewusst dauernd angespannt, die Disziplinierung läuft sozusagen Amok, alle Regressionen müssen ausgeschlossen werden. Dadurch sind Knorpel und Knochen übermäßig beansprucht, frühe Degenerationserscheinungen (Arthrosen, Bandscheibenvorfälle) folgen.

Die genauere Untersuchung solcher Patienten zeigt einen Teufelskreis: Die übermächtigen Disziplinierungen wecken bedrohliche Regressionsbedürfnisse, deren Druck die disziplinierende Wachsamkeit verstärkt. Während der Wille noch kämpferisch angespannt ist, sehnt sich etwas Unbewusstes nach missgönnter Versorgung, Dynamik des Magengeschwürs.

»Tages Arbeit, abends Gäste«[16], ein geflügeltes Wort der bürgerlichen Lebensform, verliert an Relevanz. Die Arbeit verschlingt beim Workaholic alle Energie. Der Erfolgreiche wird süchtig nach Erfolg, der Erfolglose betäubt sich mit Drogen, um einer nur noch als trivial und drückend erlebten Disziplin zu entfliehen. Beide Erscheinungen tragen dazu bei, dass sich in den Konsumgesellschaften die Bevölkerung spaltet.

Es gibt viel Arbeit und Verdienst für die Konkurrenzfähigen und Kompetenten, während breite Bevölkerungsschichten aus dem Wettbewerb herausfallen, im Arbeitsleben nicht mehr vermittelbar sind und ihren Ehrgeiz nur noch darin befriedigen können, das ärmste Opfer, der kränkste Kranke oder der am meisten gesuchte Verbrecher zu sein. Diese Situation prägt ein gesellschaftliches Klima der Kälte und seelischen Fragmentierung, zu deren Chiffre die Borderline-Persönlichkeitsorganisation geworden ist.

In der individualisierten Gesellschaft sind solche Veränderungen von Wertvorstellungen niemals allgemein und vollständig. Es gibt nach wie vor sparsame Menschen, die es ablehnen, einen Ratenvertrag abzuschließen oder auch nur ihr Konto zu überziehen, weil die Kreditkarte so bequem ist. Aber es gibt genügend Hinweise auf eine typische Entwicklungsrichtung der Konsumgesellschaft:

1. Abnehmende Frustrationstoleranz. Vor allem Lehrer, von der Grundschule bis zur Universität, klagen über schwindende Belastbarkeit der Schüler und Studenten. Die Bereitschaft, Unlust in Kauf zu nehmen, weil es von einer Autorität gefordert wird, ist im Bildungsbereich – anders als früher – nicht mehr vorauszusetzen. An privaten Oberschulen in den USA sanken die durchschnittlichen Prüfungsergebnisse in Mathematik und Englisch in einem einzigen Jahr um 8 bzw. 10 Punkte (von 100 möglichen). »Sogar an den Eliteschulen des Landes ging die Fähigkeit der Studenten, sich ihrer eigenen Sprache zu bedienen, ihre Kenntnis fremder Sprachen, ihre Argumentationsfähigkeit, ihr Fundus an historischem Wissen und ihre Kennt-

nis der wichtigsten literarischen Klassiker samt und sonders unaufhaltsam zurück.«[17] Kinder und Jugendliche sollen »motiviert« werden, Pädagogen ihren Stoff attraktiv aufbereiten, um die Lust am Lernen zu wecken.

2. Anspruch auf schnelle Befriedigung. Die *instant gratification* ist notwendig, um nicht heftige Gefühle von Wut und Enttäuschung zu wecken. Nur eine verwöhnende Welt wird noch als ausreichend gut erlebt; daher ängstigt das mögliche Ende der Verwöhnung. Es wird mit einem Ende jeder Befriedigungsmöglichkeit identifiziert. Der regredierte Konsument verhält sich zum Warenganzen, an das er symbiotisch gebunden ist, wie ein Kind in einer Krise seiner Verselbständigung.
3. Renaissance der Rache. In den letzten 30 Jahren ist die Rache wieder salonfähig geworden. In Filmen (wie »Blue Steel«) übergibt die Polizistin nicht mehr den Verbrecher, den sie endlich gestellt hat, der Justiz, sondern erledigt ihn triumphierend mit einigen wohlgezielten Schüssen. In anderen (»Ein Mann sieht rot«) beginnt das Opfer eines brutalen Verbrechens einen Feldzug gegen den »Abschaum«. Erzieherinnen im Kindergarten klagen über kleine Rambos oder Mädchen, die sich Medienereignisse zum Vorbild nehmen (wie die Tat einer amerikanischen Ehefrau, die ihrem brutalen Gemahl im Schlaf den Penis abschnitt) und mit glücklicherweise stumpfer Schere einen Spielkameraden entmannen wollen.

Rache und Terror funktionieren augenblicklich. Sie werden von derselben Strömung getragen wie die sofortige Wunscherfüllung des modernen Konsumenten – räche dich jetzt, denke später darüber nach. Sie sind von breiten Massen idealisierte Mittel der politischen Durchsetzung geworden. Dazu passt, dass ein Privatsender unter dem Titel »Rache ist süß« eine Show ankündigt, in der geplagte Menschen ihre Racheaktionen durch eine versteckte Kamera exhibitionistisch ausschlachten können.

Die konsumgeprägte Rache befriedigt Aggressionen, die aus der Frustration narzisstischer Bedürfnisse (nach »gerechter« Anerkennung, Beachtung, Aufmerksamkeit) entstehen. Das unterscheidet sie von der traditionsgebundenen »Blutrache« oder der Sitte, Beleidigungen in einem Duell zu rächen. Damals ging es vor allem darum, einen ziemlich genau definierten, schichtspezifischen Ehrbegriff zu verteidigen: die »Satisfaktionsfähigkeit« des Adligen, des »Gebildeten« gegenüber der proletarischen Prügelei. Heute trifft die Rache wahllos den, der individuelle narzisstische Ansprüche nicht erfüllt. Disziplinierte, zum Beispiel juristische oder politische Konfliktlösungen sind »umständlich« und daher unbefriedigend. Ihre Fähigkeit, Ungerechtigkeiten zu verhindern, wird im Impuls zum Faustrecht verachtet. In allen Hollywood-Filmen, die das Rachethema auswalzen, ist die Polizei entweder unfähig oder korrupt. Das disziplinierende Gewaltmonopol des Staates wird wieder zurückgenommen, eine Re-Feudalisierung, ähnlich der Maxime »nach uns die Sintflut«.

In der Trivialliteratur des 19. Jahrhunderts wurde das Rachethema unermüdlich aufgegriffen, ein Zeichen dafür, wie sehr die damals noch junge Einrichtung des Rechtsstaats mit seinem Gewaltmonopol die Gemüter seit Schillers Jugendwerk *Die Räuber* beschäftigte. Karl May hat in seinen Beduinen-Romanen, von *Durch die Wüste* bis zum *Schut*, die ganze Handlung am Thema verschiedener Blutrachen aufgefädelt und immer wieder die Pflicht des Christen, auf Rache zu verzichten, gegenüber der »mohammedanischen« Rachsüchtigkeit idealisiert. Es geht um humanen Fortschritt gegen Primitivität. Prosper Merimeé greift in seinen Novellen über die Blutrache in Korsika und in *Carmen* das Rachethema literarisch differenzierter auf. Das Urteil über die moralische Fragwürdigkeit und die selbstzerstörerischen Qualitäten der Rache teilt er aber mit dem trivialen Autor ebenso wie eine geheime Faszination. Die Rache triumphiert über die Empörung der zivilisierten Betrachter.

Während in der Industriegesellschaft die Konflikte zwischen Disziplin und Regression hingenommen und ihre unerwünschten Folgen vor allem chemisch bekämpft werden (z. B. durch Aspirin, das gut gegen die Muskel- und Kopfschmerzen als Folgen der Überspannung wirkt), gehört es zur Konsumgesellschaft, dass Regression als Ware entdeckt und produziert wird. Neben einem wachsenden Angebot an »Unterhaltung« durch Bild- und Tonkonserven, durch das jede amüsementfreie Minute verhindert werden kann, werden auch Bildungsangebote entwickelt, welche Einschränkungen einer leistungsfixierten Erziehung aufheben sollen.

Atemtherapie bringt uns dazu, den latenten Atemstau loszuwerden, Tanztherapie lockert die gehemmten Bewegungen und Bewegungsfantasien, Kunsttherapie setzt die unter dem Prinzip der Zweckmäßigkeit verkümmerte Kreativität frei. Schamanenkurse und Tantra-Übungen versprechen rückgängig zu machen, was die zweckrationale Erziehung zerstört hat.

Therapeuten und Animateure sind einerseits Professionelle, die in einem disziplinierten Arbeitstag funktionieren, andererseits Jäger des Schatzes der verlorenen Kindheit. Die potenziell segensreiche Wirkung dieser Berufe für die Lebensqualität einzelner Männer und Frauen wird überschattet von Verschleierungsfunktionen. Sie versprechen Lösungen und beschäftigen sich nicht mehr mit den Seiten der Problematik, die ohne strukturelle Schritte unlösbar ist. Um diese genauer zu bestimmen, ist ein Blick auf den Fortschrittsglauben nötig.

Auf allen Stufen der Kultur gibt es Beobachtungen über den Narzissmus der eigenen Gruppe: Das »Wir« dünkt sich immer besser als das »Andere«. Zu diesem Dünkel trat, wohl zu Beginn der neolithischen Umwälzungen, auch die Vorstellung, überlegen zu sein, weil das Nachbarvolk zum Träger der soeben überwundenen Rückständigkeit wurde. Anthropologen, die vor einem Menschenalter in den von Steinzeitkulturen besiedelten Teil Neuguineas eindrangen, stellten fest, dass jeder Stamm sich selbst für human, die

Nachbarn aber für wilde Barbaren, Räuber und Diebe hielt: Über den Bergen, jenseits der Flüsse wohnten immer minderwertige und rückständige Menschen.

Die griechischen Kolonisten unterwarfen die Bauern und Hirten der Mittelmeerküsten mit der Überzeugung, ihnen den Fortschritt einer überlegenen Kultur zu bringen. Die Anführer der römischen Legionen versprachen den Germanen die Pax Romana, den »römischen Frieden«. In einigen Religionen hat sich dieser Dünkel bis heute erhalten. Es gehört zu ihren Glaubensartikeln, nicht abzuwarten, bis ihre gute Weisheit erkannt ist, sondern den Ungläubigen nachdrücklich, notfalls mit Gewalt, klarzumachen, welche bösen Götzen sie verehren. Missionare landen an fremden Küsten und bringen den Wilden dort, die sich viele Jahrtausende stabiler Kulturen erfreut haben, als soziale Verbesserung jene Werte, die für den drohenden Kollaps der Biosphäre mitverantwortlich sind.

Zweifel am Fortschritt

Der Fortschrittsbegriff als Konzeption der Entwicklung aller Menschen, als Modellvorstellung über den Gang der Geschichte (folgerichtig mit einem welthistorischen Ansatz) entstand erst während der Aufklärung in den Dekaden nach der Mitte des 18. Jahrhunderts unserer Zeitrechnung. Sein frühes Dokument ist die große Enzyklopädie, welche Diderot zwischen 1751 und 1772 herausgab, 32 Bände, das Werk illustrer Geister wie Voltaire, Buffon, Montesquieu, Quesnai, d'Alembert und vieler anderer. Im Gegensatz zur christlichen Historie, in der (ähnlich den Mythen vom Goldenen Zeitalter bei Hesiod) zu Beginn der menschlichen Entwicklung ein Verfall oder Verlust stehen und die Erlösung, das Ziel der Geschichte, nur von außen (von Gott) kommen kann, ist jetzt der Mensch Träger der Geschichte. Diese hat ihre spirituellen Qualitäten eingebüßt und folgt den Fortschritten des Wissens, das Macht über eine früher unzähmbare Natur verspricht.

Nach den ersten Versuchen im 18. Jahrhundert wurde die Fortschrittsidee im 19. Jahrhundert zur Grundlage einflussreicher philosophischer Systeme und politischer Theorien. Sie war die Ideologie, welche die aufwühlenden Neuerungen der Industrialisierung sowohl erklären wie auch in optimistisches Licht tauchen konnte. Adam Smith, Benjamin Franklin, John Adams, John Stuart Mill, Herbert Spencer und (im Anschluss an Hegel) Karl Marx entwickelten Systeme, die zum Teil pragmatisch und wirtschaftlich orientiert, zum Teil mit den Qualitäten einer Ersatzreligion auftraten. Spencer beschrieb den Fortschritt als individuelles und evolutionäres Geschehen, Marx betonte seine kollektiven und revolutionären Qualitäten. Beiden gemeinsam war jedoch die Vorstellung eines perfekten Endzustandes, in dem alle gesellschaftlichen Übel besiegt sind.

Als bräuchte die neue Weltreligion ihre eigenen Kathedralen und Wallfahrtsorte, wurden seit der Mitte des 19. Jahrhunderts Weltausstellungen veranstaltet. Hier setzte sich der Fortschrittsgedanke Denkmäler. Der internationale Erfolg war großartig: Bereits die erste Ausstellung im Londoner Kristallpalast wurde von sechs Millionen Menschen besucht. Den Rekord für das ganze 19. Jahrhundert hielt die Ausstellung in Paris zur Jahrhundertwende: 39 Millionen. Am 1. Januar 1901 schrieb die *New York World*: »Die WELT ist optimistisch genug zu glauben, dass das 20. Jahrhundert allen Gefahren begegnen und sie überwinden und beweisen wird, dass es das beste ist, welches dieser ständig sich verbessernde Planet jemals gesehen hat.«[18]

Kritische Stimmen haben von Anfang an in diesem euphorischen Chor nicht gefehlt. Sie wurden nur so übertönt, dass die gegenwärtigen Dissonanzen lange Zeit kaum hörbar waren. Während naive Aufklärer (wie Turgot und Condorcet) Wissen, technische Fertigkeiten und politisch-moralischen Fortschritt immer untereinander verbunden auf dem Weg sahen, bezweifelten bereits der große Skeptiker Voltaire und sein Freund Diderot diese angeblich unausweichlich günstigen Auswirkungen größeren Wissens und effektiverer Technologie.

Dass der Fortschritt unter Umständen sogar mehr kostet, als er wert ist, hat zuerst Jean-Jacques Rousseau als Denkmöglichkeit erschlossen. Unter dem Eindruck der Siegeszüge der Naturwissenschaften im 19. Jahrhundert dauerte es lange, ehe diese skeptische Möglichkeit neu aufgegriffen wurde.

Pioniere der modernen Fortschrittskritik sind Max Weber, Sigmund Freud, Ferdinand Tönnies und Émile Durkheim. Max Weber entwickelt in *Wissenschaft als Beruf*[19] den Gedanken, dass heute eine Mehrheit der Bevölkerung viel weniger über die Dinge weiß, mit denen sie täglich umgeht, als das in angeblich »rückständigen« Gesellschaften der Fall ist. Etwas zu wissen ist ein spezieller Beruf, an eine Elite delegiert, von der eine vergeblich um ein mündiges Urteil ringende Masse von Stimmberechtigten abhängig ist. Dieser Prozess hat sich heute in Waren kristallisiert: Ingenieurteams entwickeln Produkte, welche es etwa dem Autofahrer ersparen, selbst zu schalten, einzuparken oder sich zu orientieren. Mehr und mehr werden Prothesen produziert, die nicht verlorene Fähigkeiten wiederherstellen oder gar neue erschließen, sondern vorhandene verkümmern lassen. Sigmund Freud benennt das »Unbehagen in der Kultur«.[20] Er beschreibt die Unfähigkeit des Menschen, mit den Forderungen nach ständiger sittlicher Verfeinerung fertig zu werden, und die Ambivalenz der Abhängigkeit von technischen Prothesen. Ferdinand Tönnies[21] analysiert die Verwandlung kleiner, überschaubarer, von engen Beziehungen bestimmter sozialer Gemeinschaften in eine anonyme, fragmentierte Gesellschaft. Émile Durkheim konzipiert in seiner Studie über den Selbstmord die Anomie der modernen Sozietät, einen moralischen Rückschritt, der dazu führt, dass isolierte Individuen keine gemeinsamen Ziele und keinen Halt aneinander haben.

Überlegungen, dass der Fortschritt nicht der Segen, sondern der Fluch der Menschheit sei, hat es immer wieder gegeben. Sie wurzeln bisher in zwei historischen Situationen, die sich ergänzen, aber auch unabhängig voneinander wirken können: Einmal hat eine früher herrschende Schicht durch eine neue soziale Klasse so viel Macht verloren, dass sie die alten Tage ihrer Vorherrschaft glorifiziert. Um diesen Vorgang zu rechtfertigen und ihn weniger auffällig zu gestalten, wird er in ein Gleichnis sozialer Abstiege ganz allgemein umgesetzt. Andererseits gibt es Menschen, die sich eine gewisse Unabhängigkeit von den allgemeinen Beschönigungs- und Verleugnungsmechanismen erhalten und deshalb fähig sind, den Schleier der Idealisierung zu lüften, in den sich der Fortschritt zu kleiden liebt.

Der griechische Dichter Hesiod beschrieb in *Werke und Tage* den Niedergang der Menschheit vom Goldenen über das silberne und eherne bis zum Eisenzeitalter, in dem nur noch Grausamkeit und Treuebruch herrschen. Er war ein Vertreter der alten Adelsklasse, die in Griechenland durch die neureichen Kaufleute bedrängt wurde. Eine derartige historische Position macht zum Außenseiter und erleichtert eine kritische Distanz, die kreativ gefüllt werden kann. Rousseau gehört eher zum zweiten Typus: Er war zu nachdenklich und in gewisser Weise zu selbstbezogen, um sich von dem aufklärerischen Optimismus seiner Zeit blenden zu lassen.

Das Nachdenken über den Fortschritt hatte sowohl zu Hesiods wie auch zu Rousseaus Zeit eine andere Qualität als heute. Es gab damals Spielräume, die angesichts der ökologischen Risiken gegenwärtig fehlen. Hesiod entwarf rückwärtsgewandte Utopien der Friedfertigkeit von Tier und Mensch im Goldenen Zeitalter, in dem die Erde nicht vom Pflug geritzt wurde und kein Mensch die Waffe gegen seinen Nächsten erhob. Rousseau betonte vor allem den moralischen Rückschritt vom ungekünstelten Naturkind zum Geldverleiher und Diplomaten. Die gegenwärtige Fortschrittskritik ersetzt diese moralische Frage durch eine materielle. Was frommt die Debatte, wenn die Lebensmöglichkeiten zerstört sind und es auf dem Planeten nur noch Stehplätze gibt?

Während die Zukunftsprognosen zur Jahrhundertwende rosig waren, aber die technischen Möglichkeiten sich erst zu entfalten begannen (etwa im enthusiastisch begrüßten Straßen- und Luftverkehr), ist seit dem Zweiten Weltkrieg deutlich geworden, dass die Technik das Potenzial für die komplette Zerstörung der Menschheit in sich trägt.

So ist der Optimismus getrübt; was nötig ist, scheint eher ein Schritt weg vom gegenwärtigen Fortschritt als weitere Schritte in die eingeschlagene Richtung. In Frage steht heute auch, ob die Menschheit überhaupt das alleinige Subjekt einer tragfähigen Konzeption von Geschichte sein kann. In der Ökologiebewegung ist deutlich geworden, dass es sinnvoll ist, von der Gesamtheit der Lebewesen auszugehen. Die traditionelle Herrschaftsgeste des Menschen auf Kosten anderer Organismen, unter Preisgabe der Artenvielfalt, hat uns in große Gefahr gebracht.

Parallel dazu ist auch die Überzeugung ins Wanken geraten, dass die Wissenschaft von einem linearen, kumulativen Fortschritt bestimmt ist. Während die Prozeduren der Messung im kontrollierten Experiment und des mathematischen Modells in den klassischen Bereichen der Naturwissenschaft zu einem tieferen und in sich geschlossenen Wissen geführt haben, ist in anderen Bereichen – zum Beispiel in der Psychologie – mit diesen Methoden nur wenig erreicht worden, was über ein Beschäftigungsprogramm für akademische Lehrer hinausgeht.

Die Versuche, Gesellschaft, Kultur und menschliches Verhalten mit denselben Mitteln aufzuklären wie physikalische und chemische Prozesse, sind gescheitert. Ganz ähnlich hat sich auch die Erwartung der naiven Aufklärer, dass die Kunst ständige Fortschritte machen würde, nicht erfüllt. Im Gegenteil sind viele Menschen überzeugt, dass die künstlerischen Leistungen der Vergangenheit, vor allem jene, an denen über Jahrhunderte unterschiedliche Begabungen zusammenwirkten (wie Venedig), heute unerreichbar sind. Kontinuierlich verbessert wurde der museale Aspekt. Wir können mehr Kunstwerke der Vergangenheit erhalten als je zuvor.

Die Fortschrittsidee ist gegenwärtig kein geschlossenes Konzept mehr. Sonntagsreden preisen heute nicht mehr den Fortschritt, sondern suchen eher, ihn zu verteidigen, für unverzichtbar zu erklären (wer will zurück in die Steinzeit?) und den verantwortungsvollen Umgang mit den geschenkten Möglichkeiten zu betonen. Wie sehr aber das Denkmuster »Fortschritt« uns prägt, zeigt unser kritischer Blick auf die viktorianischen Bürger, die voller naivem Optimismus durch die Pforten ihrer Weltausstellung von 1900 gingen: Wir erleben, indem wir uns mit ihnen vergleichen, einen deutlichen Fortschritt in unserem Umgang mit der Fortschrittsidee. Wir müssen uns fragen und fragen uns immer mehr: »Fortschritt wozu?«

Während die Skeptiker vor allem das Versagen der Utopie einer moralischen Verbesserung der Menschheit betonen, gibt es immer noch Autoren, die solchen Kritikern Ungeduld vorwerfen und den Determinismus der Moderne durch Technologie und Konsum nicht pessimistisch in Frage stellen, sondern sich hoffnungsvoll mit ihm identifizieren.

Die klassische Bemerkung von Marx, dass ein Land, das mehr industrialisiert ist als ein anderes, diesem ein Bild seiner eigenen Zukunft zeigt, wird auf die kapitalistischen Gesellschaften übertragen.

Alle Wirtschaftssysteme werden und müssen sich in den fünf Schritten von der Subsistenz zur agrarischen und traditionellen Ökonomie zum reifen Kapitalismus und schließlich zur Konsumgesellschaft entwickeln, sagt Walt Rostow.[22] In einem Punkt hat er sich tatsächlich als Prophet erwiesen: Was 1960 noch unglaubwürdig klang, dass nämlich der Kommunismus eine »Übergangskrankheit« ist, scheint sich seit der Auflösung der Sowjetunion und dem Fall der starren Grenzen in Europa und Asien zu bestätigen.

Die Welt-Konsumgesellschaft ist hier ein entspannter Zustand allgemeinen Wohlstandes, der durch die Expansion von Produktion und Konsum erreicht werden kann. Bevölkerungswachstum und schwindende Rohstoffreserven werden von Rostow bagatellisiert.

In einer entzauberten Welt gibt es keinen Schutz vor einer Funktionalisierung aller Bereiche des menschlichen Lebens und der Natur. Der Kult des Effektiven fordert unpersönliche, bürokratische Regelungen. Gefangen in diesem eisernen Käfig, verlieren die Individuen fast jeden Spielraum. Aldous Huxley *(Schöne neue Welt)* und George Orwell *(1984)* haben diese Schattenseiten der industriellen Fortschritte mit teilweise prophetischer Genauigkeit dargestellt.

Homer schildert den listenreichen Odysseus, den »ersten modernen Menschen«: Weil Odysseus *weiß*, dass jeder, der dem Gesang der Sirenen lauschen will, unweigerlich verzaubert wird, dennoch aber seine Neugier befriedigen möchte, verstopft er seinen Gefährten die Ohren und befiehlt ihnen, seiner eigenen Verführbarkeit bewusst, ihn am Mast festzubinden und seine Fesseln sogar enger zu ziehen, wenn er befehle, ihn zu befreien, oder versuche, sich loszureißen.

Mit diesem Gleichnis illustrieren Max Horkheimer und Theodor W. Adorno in ihrer *Dialektik der Aufklärung*, dass die Vernunftideologie des 18. und 19. Jahrhunderts im Versuch, die traditionellen Mythen zu überwinden, einen neuen Mythos geschaffen hat: die Diktatur der instrumentellen Vernunft, die Unterwerfung der Welt unter eine Berechnung, die nur dazu dient, die Menschen im Dienst einer zum Selbstzweck gewordenen Produktion zu manipulieren.[23]

Schließlich ist auch der Mensch dem Menschen nur noch ein Gegenstand, ein Objekt der Manipulation, der Züchtung, der genetischen Veränderung, ein Ersatzteillager für transplantierbare Organe, ein Konsument, dessen weiche Stellen ausgeforscht und mit gezielten Manipulationen beeinflusst werden.

Odysseus am Mastbaum, der um seine Triebhaftigkeit weiß, sich auf diese planend einstellt, einen Teil seiner Wünsche erfüllt, einen anderen durch eine freiwillig gewählte Form von Gewalt außer Kraft setzt, steht auch für die Haltung der Psychoanalyse, für den Kompromiss zwischen Es und Über-Ich durch Sublimierung und begrenzte Befriedigung.

Die Konsumgesellschaft modelt dieses Konzept um: Triebwünsche *müssen* befriedigt werden, der Konsument soll kaufen, nicht sublimieren. Das Über-Ich wird nicht differenziert, sondern nach außen delegiert. Die Lüste kommen nicht mehr aus einem unzähmbaren Es, sondern werden durch äußere Bilder überoptimaler Befriedigung geweckt. Die Situation lässt sich in ein anderes mythisches Bild Homers fassen. Es geht nicht mehr um das, was Odysseus ersann, um sich und seine Kameraden zu retten, sondern um den Plan, welchen er gegen seine Feinde ausheckte: die Täuschung durch das Trojanische Pferd.

In der kritischen Distanz zum Fortschrittsglauben steckt bei Tönnies, Weber und Adorno/Horkheimer ein elitäres Element. Die Industriegesellschaft nivelliert Bildungsunterschiede. Sie verschafft dem Erfinder öffentliche Anerkennung und raubt sie dem »brotlosen Künstler«. Der Ingenieur verdient mehr Geld als der Altphilologe. Daraus schloss Oswald Spengler[24] um 1900 auf den »Untergang des Abendlandes«.

Ein tieferes Verständnis der tragischen Seite kultureller Entwicklungen und zugleich eine wirksame Distanzierung vom Fortschrittsglauben gewinnen die französischen Strukturalisten, vor allem Claude Lévi-Strauss[25], aus der Betrachtung des Schicksals »primitiver« Kulturen, deren Eigentümlichkeit darin liegt, dass auf sie die Kategorie des Fortschritts nicht angewendet werden kann.

Sie sind bei genauer Betrachtung weder einfach noch entwickelt, sondern in ihrer Ordnung einzigartig, im Prinzip gleichwertig, in ihrer Verletzlichkeit jedoch sehr unterschiedlich. Es gibt unter den Kulturen sozusagen pflanzliche und fleischfressende

Strukturen. Die ersten lassen einander ungeschoren, die zweiten dezimieren zuerst die wehrlosen Pflanzenfresser, bis am Ende nur noch Fleischfresser übrig bleiben, die nun beginnen, sich gegenseitig zu verzehren.

Freud hat vermutet, dass Entdeckungen durch eine wachsende Toleranz für narzisstische Kränkungen möglich werden.[26] Die Entwicklung der modernen Astronomie durch Kopernikus bedeutete auch, dass die Erde ein Stäubchen im All, nicht der Mittelpunkt des Universums ist. Die Theorie der natürlichen Evolution durch Charles Darwin nahm dem Menschen seine Sonderstellung in der Schöpfung. Die Entschlüsselung von Träumen, Fehlleistungen und Symptombildungen durch Freud schließlich beraubte den Homo sapiens der Überzeugung, Herr im Haus der eigenen Psyche zu sein.

Auch Lévi-Strauss lässt sich in dieser Reihe anführen: Sein Strukturalismus nimmt uns den kulturellen Dünkel, unser System sei besser als das der schriftlosen Kulturen, die es in den letzten 500 Jahren so unbarmherzig aus der Welt geräumt hat. Eine Axt aus Stahl ist erst dann besser als eine Axt aus Obsidian, wenn wir das Wertesystem übernehmen, in dem die stählerne Axt entstanden ist.

Wo die Kultur der eisernen Äxte auf die der Äxte aus vulkanischem Glas traf, haben die meisten Eingeborenen sich für die Metalläxte prostituiert. Dieser Einwand zeigt, wie schwierig es ist, sich von den eigenen Wertvorstellungen zu distanzieren.

Ein Sieg in einer Konkurrenz bedeutet nur in unserem Wertesystem die Überlegenheit der materiellen Kultur der Europäer. Neutraler wäre die Einsicht, dass die *Wilden* eher bereit sind, fremde Überlegenheit anzuerkennen, als wir das von der europäischen Zivilisation sagen können.

Es ist gewiss kein Zufall, dass solche Gesichtspunkte erst in einer Zeit gewonnen werden, in der deutlich wird, welche Gefahren die überlegene Technik bedingt. Solange es nur Steinäxte gab, waren die Küsten Griechenlands und vieler seiner Inseln üppig bewaldet.

Die Stahlaxt hat den Kahlschlag möglich gemacht, der Regen spülte die fruchtbare Erde ins Meer. Die Axtträger erkannten zu spät, dass ihr perfektes Werkzeug zerstört hatte, was das mangelhafte erhalten half.

Dass Kulturen nicht unter dem Gesichtspunkt ihrer handwerklichen, künstlerischen oder wissenschaftlichen Fortschritte betrachtet werden, sondern unter dem Aspekt der ökologischen Stabilität, ist von einigen amerikanischen Anthropologen weiterverfolgt worden. Neben Gregory Bateson[27] hat sich vor allem Marshall D. Sahlins[28] mit diesen Fragen beschäftigt. Beide betonen die inneren Gefahren einer Fortschrittskultur.

Bateson weist darauf hin, dass die Beispiele der Primitivkulturen lehren, wie wenig Bewusstsein diese Menschen von der Überlegenheit ihrer Kultur unter ökologischen Aspekten haben. Sahlins beklagt ebenfalls die Zerstörung der Primitivkulturen, die ihre Fähigkeit zur stabilen Vernetzung mit ihrer natürlichen Umwelt über viele Jahrtausende hin bewiesen haben.

Die ökologische Betrachtungsweise konzentriert sich auf die unkontrollierbare Qualität des Fortschritts der Konsumgesellschaft. Auch Krebszellen sind kurzfristig erfolgreicher als gesunde Zellen, weil sie Raubbau treiben und keine Grenzen respektieren. Wenn sie die körpereigene Abwehr überwunden haben, sind sie oft so »tüchtig«, dass der Tumor durch sein Wachstum den Organismus in wenigen Monaten verzehrt. Dieser Prozess ist vom Wohl des ganzen Organismus ebenso abgekoppelt wie vom Selbsterhaltungstrieb der Krebszellen, die sich im Tod des Kranken selbst vernichten.

Ähnlich kann man aus dem rasenden Wachstum und dem Unterdrückungserfolg der Industrie- und Konsumgesellschaften nicht darauf schließen, dass es sich hier um eine langfristig lebenstüchtige Kultur handelt. Möglicherweise wären bewusstseinsbegabte Zellen im Innern einer bösartigen Geschwulst vom überlegenen Wert ihres so durchsetzungstüchtigen Zelltypus und von ihrem

Recht auf infiltrierendes Wachstum höchst überzeugt. Das würde einen Beobachter jedoch nicht daran hindern, die destruktiven Qualitäten dieser Zellen zu erkennen.

Dieses Beispiel hat seinen Zweck erfüllt, wenn es die Aufmerksamkeit für die bedrohliche Qualität eines Fortschritts schärft, die in dessen Verlötung mit dem Prinzip des Wirtschaftswachstums liegt.

So weit hergeholt die Analogie der ungehemmt wachsenden Krebszellen gegenüber den harmonisch in ihre Umwelt eingefügten, ihr mit Leben und Tod dienenden Zellen erscheinen mag: Unsere Zivilisation hat tatsächlich eine bedrohliche Wachstumsqualität, weil sie – anders als die Primitivkulturen – bisher keine gesellschaftlichen Mittel entwickelt hat, um die Möglichkeiten der Ausbeutung ihrer Umwelt zu meistern.

Das »allgemeine« Überlebensinteresse der Menschheit wird von der globalisierten Wachstumswirtschaft, dem auch in der Summe egoistischen »Interesse aller«, ignoriert. Wie solche Entwicklungen im Detail aussehen, untersuche ich an der Entwicklung von Werkzeugen, um Herrschaft über Dinge und Menschen auszuüben.

6. Die Evolution der Werkzeuge

> Der Pygmäe mit zerbrochenem Bogen ist längst nicht so hilflos wie der Weiße mit zerbrochenem Gewehr. Er kann sich aus dem Material, das ihn umgibt, einen neuen Bogen machen, wird aber auch nie in der Lage sein, Elefanten aus sicherer Entfernung abzuschießen. Der weiße Jäger wird das tun, um mit dem Elfenbein seine Ausrüstung zu bezahlen. Die Ungleichgewichtstechnik ist der Gleichgewichtstechnik nicht nur kurzfristig überlegen, sie kann dieser auch ihre langfristige Überlegenheit rauben, indem sie die Ressource zerstört.

In der menschlichen Entwicklungsgeschichte ist das Werkzeug ein zentrales Element. Es prägt die menschliche Progression und erhöht gleichzeitig die regressiven Möglichkeiten. Die menschliche Persönlichkeit ist von Freud durch einen »seelischen Apparat« erklärt worden: Der Mensch im Industriezeitalter sucht sich in der Psychoanalyse selbst als Werkzeug zu verstehen, das zwischen Trieb und Kultur vermittelt.

Am Anfang der Menschwerdung stand das *behaltene* Werkzeug. Es unterscheidet uns vom Schimpansen, der zwar aus einer Situation heraus, etwa beim Überfall durch einen Leoparden, nach einem Prügel greift, das Ding jedoch wieder fallen lässt, wenn die Gefahr vorbei ist. Der Mensch dankt seinen Erfolg in der Evolution der Hartnäckigkeit, mit der er Werkzeuge für eine nur mögliche Benützung festhält. Sein Leben wird dadurch nach außen erfolgreicher, seelisch aber beschwert und gefährdet. Feinden durch eine Waffe überlegen zu sein kann Allmachtsvorstellungen wecken und destruktives Handeln fördern.

Krönung der frühen Strukturbildungen, ohne die wir uns den Menschen nicht vorstellen können, ist das *festgehaltene* Wort mit genau umgrenzter sprachlicher Bedeutung. Übertroffen wird es noch vom *Schriftzeichen*. Durch die Schrift wird das Individuum gezwungen, sich nicht nur körperlich, sondern auch geistig zu vergleichen, indem es die eigenen Gedanken aufgrund einer Vorlage bewertet. Seine Lernmöglichkeiten erweitern sich. Die Wissenschaft ist größer als jeder Gelehrte. Gleichzeitig verkümmern durch die neu geschaffenen Bequemlichkeiten der Aufzeichnung die alten Disziplinen des Memorierens und die Fähigkeit, Verse aus dem Augenblick heraus zu finden, welche die alten Dichter auszeichneten.

Durch den Zugang zur Schrift entstehen Bildungsschranken, die auf geistigem Gebiet ähnliche Überlegenheiten schaffen wie Waffen in einer körperlichen Auseinandersetzung. Reizt die Waffe den Allmachtswahn, so stimuliert die Schrift Allwissenheitsfantasien, Vorstellungen, im Recht zu sein, weil man sich an einen Buchstaben hält.

Seit Christoph Kolumbus gewinnen Werkzeuge eine Qualität, die sie früher nicht hatten. Technische Fortschritte werden globale Fortschritte. Kulturen, welche überlegene Werkzeuge haben, beeindrucken Kulturen, denen diese fehlen, bis zu deren narzisstischem Kollaps.

Es gibt keinen Ort mehr, an dem wir uns technischer Neuerungen enthalten können, es gibt kaum wirkungsvolle soziale Versuche, wie die Entwicklung ohne sie weitergehen würde (Gruppen wie die Amish-Farmer in den Vereinigten Staaten sind soziale Kuriosa und keine kulturellen Leitbilder). Mit den überlegenen Werkzeugen der eigenen Kultur die Träger der unterlegenen Werkzeuge einer fremden Kultur zu versklaven war und ist so unwiderstehlich, dass es schwer möglich scheint, auf solche Bestätigungen des eigenen Wertes zu verzichten.

Seit es Mordwerkzeuge gibt, kann der Bewaffnete im Vertrauen auf seine technische Übermacht den Waffenlosen tyrannisieren. Diese Dramaturgie bestimmt die Erzählungen über Waffen. So sind in den Western der klassischen Ära die Indianer den Weißen an Zahl und brutaler Grausamkeit überlegen, was den Gebrauch von Repetiergewehren zur Tugend macht. Spät und zögerlich nähert sich Hollywood der historischen Realität: Die überlegene Waffentechnik dient dazu, aus sicherer Distanz Büffel und Indianer auszurotten.

Wenn der Urmensch mit Stein und Knüppel gegen ihn anstürmt, hat der Bogenschütze in freiem Gelände schon einen Vorteil von vielleicht fünf zu eins. Odysseus, der die Waffen seiner Opfer fortschaffen ließ, tötete mit zwei Helfern und seinem Bogen fast ein volles Hundert der Freier Penelopes.

Die englischen Bogner des Mittelalters schossen mit ihren fast zwei Meter langen Eibenbögen in einer Minute zehn Pfeile ab, die noch einen 100 Schritt entfernten Mann töten konnten. Nicht höhere Treffsicherheit führte dazu, dass der Bogen durch die Arkebuse ersetzt wurde, sondern die weniger windempfindliche Feuerwaffe setzte sich durch, weil die Munition billiger war. Für präzise Schüsse brauchte der Bogner in Handarbeit gefertigte meterlange Pfeile mit einer geschmiedeten und geschliffenen Spitze.

Solche Pfeile kosteten erheblich mehr als Pulver und Blei. Ein normaler Köcher fasste nur zehn davon. Deshalb war ein Bogenschutze schneller wehrlos als ein Arkebusenträger, der zwar bei Windstille kaum genauer traf und nicht so rasch hintereinander schießen konnte, aber erheblich mehr Munition bei sich trug. In der Jagd blieb der Bogen länger erhalten als im Krieg. Dort war es auch möglich, verschossene Pfeile wieder aufzusammeln, die im Krieg nur dem Feind zugutekamen.

Armbrust und Muskete geben dem Schützen die Möglichkeit, zwischen der Vorbereitung des Schusses und seiner Auslösung zu warten. Sie entladen die benötigte Energie erst in dem Augenblick, in dem der Schütze das will. Der Bogen fördert die seelische Auseinandersetzung des Schützen mit Spannung, Entspannung und Schnellkraft, die bei der Armbrust nur noch zeitversetzt und bei der Flinte überhaupt nicht mehr stattfindet. Es ist kein Zufall, dass der Bogen immer wieder als Werkzeug zu religiösen und ethischen Übungen verwendet wurde. In japanischen Zen-Klöstern gehört Bogenschießen noch heute zu den meditativen Künsten; auch Mohammed erwähnt den Gebrauch des Bogens als gottgefälliges Werk.

Die Armbrust wurde im frühen Mittelalter entwickelt, war aber vielleicht schon in der Antike bekannt (Gastaphrete); die Belagerungsgeschütze vor der Erfindung des Schießpulvers beruhten auf ihrem Prinzip. Armbrüste galten als derart gefährlich und heimtückisch, dass ihr Gebrauch im Krieg gegen Christen im Zweiten Lateranischen Konzil verboten wurde, eine Vorschrift, die Innozenz III. im Jahr 1215 erneuerte.

Die Wiederholung des Verbots zeigt, dass es wohl nicht genügend beachtet wurde. Gegen Heiden blieb ihr Mordwerkzeug gottgefällig, nur christliche Ritter sollten einander nur mit ritterlichen Waffen bekämpfen.

Wegen des hohen technischen Aufwands bei der Produktion war die Armbrust eine typische Waffe städtischer Bürger. Sie nahm zahlreiche Entwicklungen der späteren Gewehre vorweg; es gab Armbrüste mit Stecher (einem Feinabzug, der nach Auslösung des Grobabzugs bei der leisesten Berührung den Schuss freigab und so das Verreißen beim Abdrücken verminderte), Kimme und Korn, bedeckte Rohre, durch die Kugeln aus Marmor, Ton oder Blei mit solcher Wucht geschossen wurden, dass sie noch auf 250 Schritt einen Panzer durchschlugen.

Bei der Armbrust kann die Kraft für den Schuss zwar gespeichert werden, wird aber durch die Muskelkraft des Schützen oder eines Gehilfen erzeugt. Feuerwaffen sind die ersten Werkzeuge, durch die Explosionen in den Dienst des Menschen gestellt werden. Die Verführung, in der Beherrschung von Explosionskräften eine eigene Kraftsteigerung zu fantasieren, ist seither menschliches Allgemeingut.

Während der Bogen unter dem Aspekt seiner latenten Folgen für die menschliche Psyche die Qualitäten des Ertragens von Spannung und des Loslassens im richtigen Augenblick fördert, ist die Feuerwaffe ein Werkzeug der Regression. Sie kracht, stinkt, gewährt sadistische Befriedigungen und Gefühle der Überlegenheit, »am Drücker« zu sein.

Es ist nicht mehr die eigene Kraft, die sich mit anderen Kräften messen soll, sondern die entfesselte Energie eines Gemisches chemischer Reagenzien.

Die »intelligente« Qualität eines Dings liegt darin, dass es jeden, der es benutzt, dazu bringen kann, sich über die Grundprinzipien seiner Funktion klar zu bleiben. Diese Situation ist bei den paläolithischen Waffen gegeben. Begonnen mit der Suche nach Feuerstein, Holz und Darmsaite müssen sie vom Schützen selbst produziert werden. Die Autonomie des Nutzers wird dadurch ebenso gefördert wie sein Sinn für die Wirklichkeit, für Gewinn und Verlust durch technische Möglichkeiten.

Der Pygmäe mit zerbrochenem Bogen ist längst nicht so hilflos wie der Weiße mit zerbrochenem Gewehr. Er kann sich aus dem Material, das ihn umgibt, einen neuen Bogen machen, wird aber auch nie in der Lage sein, Elefanten aus sicherer Entfernung abzuschießen. Der weiße Jäger wird das tun, um mit dem Elfenbein seine Ausrüstung zu bezahlen. Die Ungleichgewichtstechnik ist der Gleichgewichtstechnik nicht nur kurzfristig überlegen, sie kann dieser auch ihre langfristige Überlegenheit rauben, indem sie eine Ressource unwiederbringlich zerstört.

Beim Vorderlader kennt der Schütze alle Teile seiner Waffe und seiner Munition. Viele stellt er selbst her. Alle Komponenten des Systems fordern Aufmerksamkeit. Der Vorderlader macht alle Umstände, die für seine Bedienung nötig sind, zwangsläufig bewusst. Ein Mann mit einem Vorderlader wird schonender jagen als einer mit einer automatischen Waffe, der nur durch ethische Einstellungen gehindert wird, angesichts einer Herde von Beutetieren mehr abzuknallen, als er essen kann.

Die Qualitäten der modernen Waffentechnik lassen sich dadurch illustrieren, dass die Soldaten in dem heute dominierenden Typus des Krieges – dem Guerilla-Kampf in der Dritten Welt – immer jünger werden. Ähnlich den Computerkids der Konsumgesellschaften wissen sie nicht, wie die Gerätschaften aufgebaut sind, mit denen sie umgehen, können sie aber bedienen.

Mit einer automatischen Waffe kann ein Kindersoldat die Einwohner eines Dorfes in Schach halten und sie nach seiner Laune töten oder leben lassen. Die Möglichkeit solcher Macht ist in sich böse, denn wer sie in Händen hält, muss über das vom durchschnittlichen Menschen erwartete Maß hinaus gut sein, um die verführerische Macht seines Werkzeugs auszugleichen. So steigen Druck und Sog, die machtsüchtigen Dinge zu besitzen.

Bis zum Ende des 19. Jahrhunderts war umstritten, ob es sinnvoll sei, Soldaten mit Repetiergewehren auszurüsten. Die Sorge der Strategen galt der Vergeudung von Munition. Damals musste für jeden Schuss noch eigens der Verschluss geöffnet werden, um die leere Patrone auszuwerfen und eine neue in die Kammer zu befördern. Inzwischen nimmt dem Soldaten eine Automatik diese Mühe ab. Jede Explosion schafft die Voraussetzungen für die nächste, so dass pro Minute 1000 Schuss und mehr abgegeben werden können.

Diese Veränderungen des Gewehrs spiegeln die übrigen Veränderungen der Waffentechnik, die immer der Schrittmacher technischer Neuerungen war. Die Angst, im Wettlauf zu verlieren, macht alle Erwägungen bedeutungslos, die unser wirtschaftliches Alltagshandeln bestimmen und mit dem Respekt vor dem Grenznutzen zusammenhängen. Damit ist die Tatsache gemeint, dass nur in einem mittleren Bereich der Nutzen einer investierten Anstrengung entspricht. Ist dieser verlassen, dann lässt sich der Erfolg durch extreme Anstrengungen nur noch um Bruchteile steigern.

Wem die Qualität eines normalen Bogens nicht genügt, den er günstig erworben hat, der kann sich einen Spezialbogen kaufen, der vielleicht das Dreifache kostet. Will er die Qualität nun noch einmal um die so erreichte Differenz zu dem Grundmodell verbessern, kostet ihn diese Stufe bereits viele Tausende. Will er noch weitere Verbesserungen, gerät er in den Bereich des Grenznutzens, in dem winzige Unterschiede mit höchsten Summen bezahlt werden.

In der Militärtechnik werden solche Grenznutzenrechnungen durch »Sicherheitsbedürfnisse« außer Kraft gesetzt. Es gibt zynische Rechnungen, was ein getöteter feindlicher Soldat kostet. Der Aufwand hat heute, verglichen mit den auch nicht so guten alten Zeiten, astronomische Höhen erreicht.

Die Einmischungen der Konsumgesellschaften in Bürger- und »Befreiungs«-Kriege sind um die Funktion zentriert, Rüstungsgüter zu zerstören, die vorher einer der Parteien verkauft wurden. In Libyen wurde 2011 Militärmaterial im Wert von mehreren Milliarden vernichtet, die der Diktator aus dem Erlös der Erdölreserven seines Landes finanziert hatte.

Die Entwicklungslinie Speer – Bogen – Armbrust – Vorderlader – Hinterlader – Automatik – Cruise-Missile enthält Merkmale, die sich auf andere Zweige der menschlichen Werkzeuge übertragen lassen. Techniken, die einen Bildungsanspruch erfüllen, die meditative und philosophische Qualitäten haben, werden durch verschwenderische Lösungen ersetzt, die den Nutzer verdummen.

Von den Musketen, die ein gewissenloser Segelschiffkapitän den Eingeborenen polynesischer Inseln verkauft, bis zu den in Afghanistan verschenkten Stinger-Raketen[29] hat sich die gesellschaftliche Dynamik nicht verändert.

7. Zum Faschismus der Ware

> Das Prinzip, immer mehr vom »Guten« selbst zu besitzen und alles »Schlechte« nach außen zu verlegen, bestimmt den Konsumismus ebenso wie den Faschismus. Die Anstrengungen, das in solcher Weise definierte Gute zu vermehren, betrifft nicht mehr Nationen, sondern global gehandelte Waren. Diese werden ständig verbessert und in einer glitzernden, aber kaum weniger brutalen Variante des Sozialdarwinismus in den Kampf ums Dasein auf dem Weltmarkt geschickt.

Im Lauf der Geschichte haben sich nur wenige Völker nicht für besser gehalten als ihre Nachbarn. Der Dünkel gehört zur Kultur, im alten China wie im alten Ägypten. Neu an den modernen, faschistischen Bewegungen ist die radikale Spaltung, die Regression aus Toleranz und Vielfalt zurück zum blinden Glauben. Faschismus verträgt sich nicht mit kritischer Philosophie, nicht mit Humor, Ironie und Distanz zu den eigenen kulturellen Werten. Er gedeiht in einem fanatischen Klima und erzeugt es.

In Europa waren die faschistischen Bewegungen immer auch antiintellektuell und gegen die »seichte« Aufklärung gerichtet. Die Boten der Moderne wurden für die Botschaft gestraft. Der Antisemitismus schuf einen Sündenbock für alle besorgniserregenden Erscheinungen der Industriegesellschaft. Die Juden sollten für den Kapitalismus ebenso wie für den Bolschewismus verantwortlich sein. Die Vielfalt biografischer Möglichkeiten im emanzipierten Judentum wurde beneidet und zugleich als Symptom gesellschaftlicher Auflösungsprozesse bekämpft.

Die Antisemiten unterstellten eine Verschwörung aller Veränderungen (wie sie in Pamphleten wie den »Protokollen der Weisen von Zion« formuliert wird).

Der Faschismus der großen Diktaturen im zweiten Viertel unseres Jahrhunderts kämpfte für den Fortschritt eines »Volkes« gegen Menschen, die für das »Schlechte« in diesem Volk verantwortlich gemacht wurden. Der gegenwärtig vorherrschende Faschismus kämpft für das Warenganze und den Komfortschritt; er richtet sich gegen die Regenerationsprozesse von Erde, Wasser und Luft. Das Prinzip, immer mehr vom »Guten« selbst zu besitzen und alles »Schlechte« nach außen zu verlegen, bestimmt die Konsumgesellschaft ebenso wie den Faschismus.

Die Anstrengung, das in solcher Weise definierte Gute zu vermehren, betrifft nicht mehr Nationen, sondern global gehandelte Waren. Diese werden ständig verbessert und in einer glitzernden, aber kaum weniger brutalen Variante des Sozialdarwinismus in den Kampf ums Dasein auf dem Weltmarkt geschickt. Das Recht des Stärkeren gilt hier ohne Vorbehalte.

Die Priesterkasten dieser »Verbesserungen« der Welt sind die großen Konzerne, die Wissenschaftler, Techniker und Marktexperten mobilisieren. Die Gläubigen sind die Konsumenten, reich wie arm. Die Geiseln sind unsere Kinder und Enkel. Die Folgen der Konsumgesellschaft sind an ihren Rändern, in den Flüchtlings- und Apathiebewegungen der Entwicklungsländer und der früheren sozialistischen Staaten deutlicher als in den Industrienationen selbst. Während die reichen Länder die Umwelt ruinieren, glauben die armen immer noch, die reichen seien Vorbilder, weil das, was sie aus diesen Ländern am eindrucksvollsten kennen, deren Waren sind.

Manche Zeitkritiker haben beklagt, dass in der modernen Welt der Glaube an Offenbarungen und transzendente Gottheiten schwindet. In den prophetischen Ironien der Popkultur (wie Janis Joplins Lied »Oh Lord won't you buy me a Mercedes Benz«) wird uns klargemacht, dass zwar die überlieferten Götter Erfindungen ihrer Priester und Propheten sind, die Waren-Götter der Gegenwart jedoch wirklich existieren.

Die menschenprägenden und menschenfressenden Waren sind ein komprimierter Ausdruck langer, komplexer Entwicklungen, in denen sich menschliche Emotion und Erfindungsgabe mit Mechanik und Elektronik verband. In diesem Prozess sind Mischwesen aus Maschine und Mensch entstanden, deren augenfällige Symbole die lebendigen Roboter der Science-Fiction sind (»Robocop«, »Terminator«, Leutnant Data). Sie ringen entweder ergreifend um »menschliche« Gefühle oder machen sich, wie die Zylonen im »Kampfstern Galactica« oder der Supercomputer im Plot von »Terminator« daran, ihre schwächlichen Erfinder ähnlich auszurotten, wie das in weniger radikaler Form bisher die junge Generation mit der alten zu tun pflegte.

Wie Marx den Arbeiter als lebendiges Rad in der Maschinerie der kapitalistischen Fabrik beschrieben hat, organisieren in der Konsumgesellschaft die faszinierenden Waren Menschen und Kapitalien um sich wie die Tänzer um das Goldene Kalb.

Die Gemeinschaft durch und in den Waren verbindet den Manager mit dem Kapitaleigner und dem einzelnen Konsumenten. Allen gemeinsam ist das gute Produkt, an dem sie partizipieren, während alle schlechten Folgen abgespalten werden. Die Nachteile der Luxusmobilität werden ertragen, die Verbesserungen der Modelle euphorisch genossen und in jedem Detail liebevoll beschrieben. Wie das einzelne kleine Maschinenmolekül seine Abgase in die Atmosphäre bläst, so entlässt auch die große Fabrik ihre festen, flüssigen und gasförmigen Abfälle in die Umwelt. Der Leviathan der Konsumgesellschaft ist nicht mehr aus Menschen, sondern aus Waren zusammengesetzt, in denen sich tote und lebendige Elemente verbinden.

In den altsteinzeitlichen Kulturen ist die Regelung der Regression sehr weitgehend an die Umwelt delegiert. Jeder Komfortschritt verlegt ein Stück dieser äußeren Regelungen nach innen – oder verliert sie ganz. Damit entstehen neue Freiheitsgrade und neue Gefahren, die sowohl unsere seelische Gesundheit wie auch unsere Mitmenschen betreffen.

Jäger und Sammler sind von ihren Anlagen her wohl nicht weniger jähzornig und geltungsbedürftig als Hirtennomaden. Aber es gibt in ihren Grenzkämpfen keine Beute. Daher sind sie zwar gute Kundschafter, aber schlechte Soldaten. Unter altsteinzeitlichen Kulturen gibt es Raufereien und den einen oder anderen Überfall. Aber es gibt keine organisierten Kriege, weil ohne Vorratswirtschaft und Transportmöglichkeiten Feldzüge und Besetzung eines Territoriums keinen Sinn machen. Nur ausnahmsweise (etwa im Gefolge der großen Büffelherden in Nordamerika) können sich mehr als einige hundert Jäger über längere Zeit versammeln. Der Zwang, sich in einem größeren Areal zur Nahrungssuche zu verteilen, löst die Gruppen auf und verhindert Machtansammlungen.

Als ein Ethnologe einige primitive Jäger in ein afrikanisches Reservat mitnahm, waren diese »Naturmenschen« über die paradiesische Zutraulichkeit der großen Säugetiere sehr erstaunt. Zeitlebens hatten sie keine so unvorsichtigen Gazellen oder Büffel gesehen.

Die Entdeckung der Viehzucht hat einen gewaltigen inneren Wandel des Menschen eingeleitet, etwas viele Jahrtausende lang Undenkbares. Aber die damit verbundene Machtsteigerung durch erheblich größere Menschenansammlungen kostete einen hohen Preis. Wenn Tiere dem Besitzer gehören, warum nicht auch Menschen? Die frühen Nomadenkulturen waren die Ersten, welche die Sklaverei kannten, die mit wechselnden Gesichtern, seit der Industrialisierung monetär umformuliert, die kulturelle Evolution begleitet.

In Ackerbau und Viehzucht wird auf lebende Wesen das Prinzip angewendet, welches die Menschwerdung charakterisiert: das Festhalten eines Werkzeugs. Verglichen mit dem Zustand durch die Erfindung von Kraftmaschinen war dieser Spannungsschub harmlos. Es gab keine Möglichkeiten, das Maß der Handarbeit zu überschreiten. Was an Veränderung gedacht oder geträumt wurde, es war immer vom Bewusstsein der Grenzen menschlicher Kraft durchtränkt.

Die sinnlichen Grenzen, welche die Kultur der Jäger prägen, hängen damit zusammen, dass dort niemand mehr haben kann, als er bereit ist zu tragen. Diese sinnlichen Grenzen haben sich in der Jungsteinzeit erweitert: Wer Viehherden besitzt und Äcker bebaut, braucht auch feste Mauern und bald auch professionelle Krieger, um seinen Besitz zu sichern. Es gibt jetzt Tauschwerte, bald auch Geld. Aber immer noch ist klar, dass Veränderung fast überall mit körperlicher Anstrengung verbunden ist. Diese Grundeinstellung über das Verhältnis von Anspruch und Wirklichkeit ist erst im Konsumismus verloren gegangen. Derartige Verluste werden durch pädagogische oder therapeutische Anstrengungen mit insgesamt wenig befriedigenden Ergebnissen kompensiert.

Vor 100 Jahren lebten in Europa ungefähr zwei Drittel der Menschen von der Landwirtschaft. Hier war ganz deutlich, dass jeder Bissen durch Arbeit erkämpft werden muss. Wer durch eine solche Schule gegangen ist, unterscheidet auf eine andere Weise zwischen Fantasie und Realität als die Heranwachsenden der Gegenwart, die vielleicht dieselbe Zeit, die ihr Großvater mit körperlicher Arbeit verbrachte, damit beschäftigt sind, unangenehme Bilder auf Knopfdruck verschwinden zu lassen.

Idealisierungen einer guten alten Zeit sind naiv, freilich nicht naiver als Idealisierungen des Fortschritts. Wer auf dem Boden schläft, kann nicht aus dem Bett fallen. Wer die Wahl hat zwischen Boden und Bett, entscheidet sich meist für den Komfort.

Die Betrachtung der menschlichen Evolution kann unser Verständnis vertiefen, weshalb wir so wenig mit der komfortablen Welt zurechtkommen, die wir selbst geschaffen haben. Die menschliche Fähigkeit zur moralischen und geistigen Selbststeuerung ist nicht verlässlich. Die Ufer sind mit den Knochen der Seefahrer bedeckt, die *dachten*, die *überzeugt waren*, die *den Vorsatz gefasst hatten*, dem Gesang der Sirenen zu widerstehen. Überlebt hat die Passage nur Odysseus, der sich an den Mastbaum binden ließ und den Ruderern die Ohren verstopfte.

Ein Beispiel, wie überzeugend Verleugnungen regressiver Gefahren sein können, ist die Fabel von der »aktiven Sicherheit« in der Kraft von Automotoren. Solche tröstenden Illusionen gehen davon aus, dass es ein konstantes, rational kontrolliertes Bedürfnis gibt zu überholen. Unter solchen Voraussetzungen wäre der Überholvorgang mit einem übermotorisierten Fahrzeug tatsächlich sicherer. Aber das Bedürfnis, schnell zu fahren und andere Fahrer hinter sich zu lassen, ist irrational und mit Fantasien der Macht und Überlegenheit verknüpft. Daher verführt der starke Motor zu Manövern, die er eben nicht absichern kann.

Neutral ist Technik nur so lange, wie das Verhältnis von Progression und Regression ausgewogen ist, zum Beispiel bei Handwerkzeug wie Hammer und Sichel, die zwar unsere Fertigkeiten vergrößern, jedoch nicht vorgaukeln, es gäbe einen Gewinn an Macht ohne Kosten. In der Konsumgesellschaft wird Technik systematisch benutzt, um süchtig zu machen; kommerziell erfolgreiche Waren beruhen weitgehend auf solchen Mechanismen, die bei den Genussgiften durchschaubar sind, nicht jedoch angesichts des Fernsehens oder des komfortablen Automobils. Deshalb ist auch der Jugendliche im Fiat Panda vor dem Geschwindigkeitsrausch besser geschützt als der Fahrer eines »zeitgemäßen«, »modernen«, eines Fahrzeugs auf dem »gegenwärtigen Stand der Technik«.

Menschliche Regressionsneigungen berücksichtigende Motorfahrzeuge dürften eigentlich nicht schneller als etwa 40 Stundenkilometer sein. Dann lassen sie sich mit einiger Aufmerksamkeit so konstruieren, dass tödliche Unfälle selten sind. Sie können ihren Kohlendioxydausstoß minimieren und mit einem viertel Liter Treibstoff pro 100 Kilometer auskommen. Wo Kinder spielen, ist nach Erfahrungen aus unzähligen Unfällen gegenwärtig auch kein höheres Tempo mehr erlaubt.

Jeder mit modernen Autos vertraute Fahrer fühlt sich jedoch in einer verkehrsberuhigten Zone wie eine Schnecke. Die Maschine verzerrt die Wahrnehmung der eigenen Steuerungsmöglichkeiten komplett. Seit es Automobile gibt, ist die menschliche Selbstüberschätzung explosiv gewachsen. Wer eine Weile mit 200 Stundenkilometern rast, den dünkt selbst das (unter Sicherheitsinteressen für Hunde, Katzen und Kinder weit überhöhte) Landstraßentempo von 100 km/h viel zu langsam.

Wer mit der Hand sägt, findet die Bewegung nur kurze Zeit angenehm. In der Industriegesellschaft sägt der »gute« Arbeiter weiter, wenn der Arm schmerzt. Die Maschine steigert seine Leistung und erlöst ihn von diesem Schmerz. Erst durch diese schon vorher verzerrte Beziehung zur Anstrengung explodieren in der Konsumgesellschaft scheinbare Entlastungen. Wer ein modernes Auto fährt, verliert jedes Gefühl, dass er in einem Geschoss aus dünnem Blech sitzt.

Wer sich mit Drogenpolitik befasst, kennt das Dilemma der Superware in einer Warenwelt. Weshalb soll verboten sein, was sich doch bestens verkauft? Während die Komfortqualitäten der erlaubten Waren langsam und unvollkommen entlasten, bietet die Droge eine perfekte Blitzlösung. Die Schattenseiten der übrigen Konsumgüter werden nur allmählich und keineswegs in allen Fällen deutlich. Die Schattenseiten der Drogen sind krass.

Das Verbot von Drogenspaß in einem gesellschaftlichen Klima, das die Erfüllung aller regressiven Bedürfnisse als Recht, ja als wirtschaftliche Pflicht suggeriert, ist kaum aufrechtzuerhalten. Heute wird in vielen Industrieländern die Frage diskutiert, ob nicht der Staat den Drogenhandel übernehmen und dem organisierten Verbrechen dieses Monopol streitig machen sollte.

In der kapitalistischen Industriegesellschaft gibt es große Institutionen, die in wirkungsvoller Weise Regressionen kontrollieren.

Jeder Industriebetrieb funktioniert auf diese Weise: Er erhält und steigert seine Leistungsfähigkeit, löst seine Strukturen nicht, wie der einzelne Mensch, periodisch in Unlust und Schlaf wieder auf. Allerdings wird die Struktur nur nach innen hin gehalten. Institutionen, die nach außen destruktive Regressionen in Gang setzen, können lange Zeit gut funktionieren.

Seit es Institutionen gibt, besteht diese Gefahr der Delegation von Regression nach außen, um eine Regression innerhalb der Organisation zu kontrollieren und zu verhindern. Ein historisches Beispiel ist die in Kriegen praktizierte Lizenz der Soldaten zu Plünderung und Vergewaltigung, um sie für die Strenge der Kampfdisziplin zu entschädigen. Ähnlich wachen die Drogenhändler der Mafia darüber, dass kein Mitglied der Organisation von dem Gift abhängig wird.

Überleben können die modernen Gesellschaften, wenn es ihnen gelingt, die in der Altsteinzeit von der Natur selbst garantierte Regressionskontrolle in menschliche Regie zu nehmen und keine Freiräume offen zu lassen, in denen Bedürfnisse zum Schaden aller entsorgt werden können.

In einer Fabel aus China lehnt der Weise den Hebelbrunnen ab, weil er fürchtet, durch seine Benutzung selbst wie eine Maschine zu funktionieren. Heute überwiegen Verschmelzungen mit Maschinen, deren übermenschliche Qualitäten schamlos zur Steigerung des eigenen Machtempfindens und der Verwöhnungsbedürfnisse dienen. Solange die Automobile immer besser werden, sind wir davon abgelenkt, darüber nachzudenken, ob sie nicht prinzipiell unbekömmlich für den Menschen sind.

In der Verschmelzung und Identifizierung mit dem Konsumguten ist das erschlichene Machtgefühl nicht mehr erkennbar. Der Konsument ist Sieger, wenn nicht über die düstere Zukunft, dann doch über die hoffnungslos rückständige Vergangenheit, in der beispielsweise ein Auto noch eine Handkurbel hatte, um es anzuwerfen, ein Motorrad mit einem Fußtritt gestartet oder eine Uhr aufgezogen wurde und nicht alle zwei Jahre eine winzige Portion Gift in die Umwelt entließ.

Die Warenverwöhnungen bereiten schlecht auf die unausweichlichen Enttäuschungen des Lebens vor. So greift es um sich, dass kleine Einschränkungen wie unerträgliche Frustrationen erscheinen. Ein Vorgesetzter, der seine Mitarbeiter mit einer Härte zur Arbeit antreibt, die 1960 normal war, gerät im Jahr 2010 unter Mobbingverdacht. Schließlich ist es in der Welt der stummen Diener um uns herum selbstverständlich geworden, dass die kleinste Unbequemlichkeit von einem Servomotor beseitigt wird.

Wer heute mit Ärzten spricht, kommt bald auf ein Thema, das engagierten Medizinern die Freude am Beruf vergällt. Patienten wollen zwar ihre Gesundheit wiederhaben, aber auf nichts verzichten. Der Doktor soll das Herz in Ordnung bringen und die chronische Bronchitis wegschaffen, aber bitte nicht schon wieder die Leier vom Verzicht!

Prophylaktische Maßnahmen wie viel Bewegung und Verzicht auf gesundheitsschädliche Ernährung könnten für die Lebensqualität der Bevölkerung unendlich mehr leisten als kostspielige chirurgische und medikamentöse Neuerungen. Im Konsumismus wird es normal, eine durch Alkoholismus bedingte Leberzirrhose durch die Transplantation eines Organs zu »heilen« oder Fettsüchtige dadurch zu behandeln, dass ihnen ein Stück Dünndarm herausgeschnitten wird.

Die Konsumgesellschaft ist das erste Experiment in der Geschichte, in dem jedem Individuum versprochen wird, es habe das Recht, über seine Verhältnisse zu leben. Luxus gab es schon, seit die ständischen Ordnungen der traditionellen Gesellschaften existieren. Er war ein Mittel, durch das sich die Oberschicht von den Habenichtsen unterschied. Aber noch nie hat eine weltweite Bewegung Luxus als Dauerzustand akzeptiert.

Die Regressionsneigung des Einzelnen wird zu keinem allgemeinen Problem, solange es kein gesellschaftliches Entgegenkommen gibt. In der Konsumgesellschaft wird dieses Entgegenkommen nicht nur ideologisch formuliert – das wäre relativ harmlos –, sondern massenhaft produziert, so dass sich die benachteiligt fühlen, denen diese Waren und Dienstleistungen nicht zugänglich sind.

Unsere Situation zeigt, dass wir die Weisheit der traditionellen Kulturen verlieren mussten, die viele Jahrtausende ökologischer Stabilität ermöglicht hat. Die neuen Strukturen sind kurzfristig überzeugender, langfristig aber schlechter als die alten. Gleichzeitig aber richten sie innere Sperren auf, welche nur den Weg vorwärts freigeben. Kleist hat das in seiner Skizze »Über das Marionettentheater« geahnt und schließlich die Hoffnung formuliert, auf dem Weg um den ganzen Erdball herum ließe sich vielleicht die Hintertüre zum verlorenen Paradies finden.

Was er übersah: Es gibt kein Paradies. Das Verlorene ist, verglichen mit unserem zum Untergang führenden Luxus, höchst armselig, von so mancher Lebensgefahr begleitet und doch stabiler als der Konsumismus.

Es scheint mir an der Zeit, die geheime Verwandtschaft zwischen Gestalten wie Albert Schweitzer und jenen Krankenpflegern zu erkennen, die subjektiv aus Barmherzigkeit die ihnen anvertrauten, schwer kranken und multipel pflegebedürftigen Menschen töten. In beiden Fällen werden Grenzen nicht respektiert. Die Entscheidung über Leben oder Tod wird aus einem kulturellen Zusammenhang herausgenommen und zur Frage des persönlichen Ehrgeizes gemacht.[30]

Die Anmaßung, sich selbst die Macht über Leben und Tod zuzuschreiben, wird innerhalb unserer eigenen Kultur bestraft. Richtet sich dieselbe Anmaßung gegen Angehörige einer »unterlegenen« Kultur, gilt es als tugendhaft, in deren ehrwürdige Regelungen über Leben und Tod einzugreifen. Denn dadurch wird die Überlegenheit der Europäer bewiesen, die sich angesichts der gegenwärtigen Übervölkerung und der drohenden ökologischen Katastrophe als Lüge erweist.

In Wahrheit ist die unvollkommene und im Einzelfall oft grausame Regelung der primitiven Kulturen besser als die unsrige, weil sie destruktiven Regressionen weniger Raum gewährt und daher auch niemals die Gefahr einer organisierten Todesmaschinerie mit sich bringt, wie sie die Zivilisationen auszeichnet. Die Anmaßung der moralischen Kolonisatoren liegt darin, ihre Idee der Humanität für universell zu halten und zu übersehen, dass sie nur in ihrer eigenen Kultur gilt.

Die Unfähigkeit, Werte anderer Kulturen zu respektieren, ist Teil unserer Kultur. Die kritische Vernunft, welche unserer Kultur ebenfalls möglich ist, geböte heute, solche Grenzüberschreitungen in Frage zu stellen und den hohen Preis zu beachten, den dieser auf lange Sicht nicht nur nutzlose, sondern zerstörerische Heroismus kostet.

Wenn erst in Lambarene das Hospital mit den Wunderwerken des weißen Mannes steht, ist auch dort die regressive Illusion geschaffen, man könnte diese Wunderwerke haben ohne einen Preis. Und wenn die Menschen dort erst einmal daran gewöhnt sind, dass Dysenterie kein Todesurteil mehr ist, dann ist jeder Tod an diesem Leiden doppelt schmerzhaft, auch wenn das Überleben zu vieler dazu führt, dass die Überlebenden in einem kollabierenden Ökosystem verhungern.

Durch die Zerstörung der traditionellen Kulturen haben wir die meisten Modelle menschlicher Existenz verloren, die uns zeigen könnten, wie es in einer Welt aussieht, die unsere Fehler vermeidet und dafür mit einem Mangel an unseren komfortablen Neuerungen bezahlt.

Die Idee des Individuums, das aus einem Supermarkt von kulturellen Formen wählt, was ihm behagt, hat sich als stärker erwiesen als die kulturellen Bindungen der traditionsorientierten Gesellschaften. Dieses Individuum darf sich als Kategorie in Frage stellen und zweifeln, ob es nicht dem Überleben der Menschheit dienlicher gewesen wäre, sich selbst gar nicht zu entdecken. Auch wenn diese Schritte natürlich nicht rückgängig gemacht werden können, wird so unsere Aufmerksamkeit für die destruktiven Potenziale der Spaltungen geschärft, denen dieses Individuum dann zum Opfer fällt, wenn es glaubt, sich das Gute nehmen zu können, das Schlechte aber draußen zu lassen.

Der Eingeborene, der seinen Medizinmann sitzen lässt und Albert Schweitzer bewundert, glaubt eine Weile, er könne das Gute der eigenen Kultur behalten. Erst wenn es schwindet, wächst seine Erkenntnis, dass die neu gewonnenen Dinge ihn in eine Kulturmischung versetzen, die nicht mehr die seine ist, ihm aber den Verlust der eigenen nicht ersetzen kann.

Wir haben uns von Dingen abhängig gemacht. Und wir haben uns an ein System gebunden, das wir nicht als etwas erleben, das unsere Existenz sichert, das uns Sicherheit und Geborgenheit gibt und auf das wir stolz sein können. Die Kultur löst sich auf, sobald sie dem Individuum erlaubt, Progression und Regression zu spalten, die Folgen der Regression auf die Zukunft zu verlagern und dem Fortschritt die Heilung der aufgerissenen Wunden anzuvertrauen.

Der Import weniger Musketen reicht, um eine Kultur in ihren Grundfesten zu erschüttern. Jede Ware produziert die Illusion, dass es möglich ist, sie zu haben ohne etwas anderes als einen Gewinn. Die Umwelt kann zerstückelt werden, man darf das Beste aus ihr nehmen und den Rest irgendwohin entsorgen. Das aus seinem Kontext gerissene Ding reißt auch den Menschen aus seinen Verbindungen.

8. Die Trauer

Im Event geht es nur um *ein* Ereignis, das den ganzen Erlebnisraum füllt. Es werden schnelle Entscheidungen gefordert. Was ist wichtig und gut? Was soll im Hintergrund verschwinden? Die Trauer hilft uns, daran festzuhalten, dass dieses Verschwinden ein Verlust ist. Sie lehrt uns, dass wir die vielen glänzenden Konsumdinge nicht ohne Schaden an uns und an der Umwelt haben können.

Wenn ein sicherer Ort verloren geht, weckt das heftige emotionale Reaktionen. In ihnen mischen sich Trauer und Angst; oft entsteht daraus auch das Bedürfnis, innezuhalten, abzuwarten, gar den Verlust zu verleugnen und die Hoffnung zu pflegen, dieser werde wie durch Zauberkraft wieder verschwinden und alles so sein wie vorher.

Die Trauerreaktion ist biologisch sinnvoll; wir werden motiviert, uns anzustrengen, Heimaten zu erhalten, wichtige Menschen an uns zu binden, nicht leichtfertig aufzugeben, was Geborgenheit vermittelt. Trauer benötigt Zeit und Raum, um die Veränderungen zu klären, welche durch den Verlust entstehen: Sie bringen ja nicht nur Mangel, sondern auch Gewinn. Energien werden frei, Räume, die bisher nicht erschlossen werden konnten, öffnen sich.

Im Konsumismus werden Trauerreaktionen verdrängt und verleugnet. Man kann viel weniger Produkte verkaufen, wenn man Menschen in ihren *langsamen* Bestrebungen fördert, ihre Welt geistig und emotional zu verarbeiten. Sie sollen vielmehr jedes Empfinden von Leere und Verlust möglichst *schnell* blockieren, indem sie etwas kaufen. Während uns Trauer *Grenzen erleben lässt*, beruht der Konsumismus darauf, *Grenzen zu verleugnen* und Negatives durch Verdrängung ähnlich zu entsorgen wie radioaktiven Müll oder das Quecksilber in den Abwässern der Papierfabrik.

Trauer und Depression sind ähnlich und doch sehr verschieden. Die Trauer ist eine von Gefühlsausdruck, Empathie und Kommunikation mit anderen Menschen getragene seelische Reaktion, die Depression ein schwermütiger Stillstand mit Gefühlen von Sinnlosigkeit und innerer Leere. Auch in der Trauer gibt es depressive Elemente, bedrückte, beschwerende Gefühle. Sie steigern sich zur Depression, wenn solche Gefühle Angst auslösen und daher die Fähigkeit blockiert wird, sie mitzuteilen und in Kontakten Halt zu finden.

Das geschieht vor allem in Kulturen mit hohen Leistungsanforderungen, die langsame Emotionen bereits in der Kindheit entwerten und bekämpfen. Auffällig häufig beobachten wir an depressiv Erkrankten die Unfähigkeit, über das zu sprechen, was sie belastet, verbunden mit einem in ihrer Kindheit erlebten Druck, Sonnenschein für ihrerseits belastete Eltern zu sein.

Im Übergang von der gesunden Trauerreaktion zur Depression spielt die manische Abwehr eine große Rolle. Wenn im Konsumismus die Depressionen zur Volkskrankheit werden, liegt das daran, dass Trauer nicht mehr zugelassen wird. Trauer verlangsamt einen Menschen, sie stimmt ihn nachdenklich und schwermütig, aber er bleibt tröstbar und im Kontakt mit anderen. Er will nicht den Verlust sofort ersetzen, er will still sein, nachdenken, noch einmal erleben, wie kostbar war, was er verloren hat.

Die manische Abwehr geht mit der Trauer um wie der angeschossene Verbrecher mit seiner Wunde. Er muss so tun, als sei er gar nicht verletzt, um die Verfolger abzulenken. Ähnlich ergeht es einem Trauernden, der dieses Gefühl verleugnet und abwehrt. Er behauptet, er habe gar nichts verloren, er blicke nach vorn, er müsse die nächste Aufgabe anpacken, alles sei kein Problem, im Gegenteil, das nächste Projekt werde das soeben gescheiterte in den Schatten stellen.

Das Floß der *Medusa* ist ein Beispiel für Konstruktionen, die sich aus einer manischen Abwehr ergeben. Den Überlebenden auf dem Wrack wird vorgemacht, dass sie ebenso bequem und kontrolliert wie die Privilegierten in den Booten zum Ufer gebracht werden. Das Schiff ist gar nicht gescheitert, es kann in wenigen Tagen (fast) gleichwertiger Ersatz geschaffen werden. Diese Illusion setzt die anfängliche selbstüberschätzende Verleugnung der Gefahren des Kurses in den Sandbänken durch den Kapitän und seinen Steuermann fort.

Im Konsumismus spiegelt sich die Verweigerung von Trauer und die Verleugnung von Verlust an vielen Orten, keineswegs nur in den Liebesbeziehungen, in denen der unvollkommene Partner fallen gelassen wird, um den perfekten zu finden. Die Eventkultur hat sich gänzlich diesem Prinzip unterworfen. Im Event geht es um ein extrem überschätztes, ganz und gar manisch gesehenes Ereignis, das den Erlebnisraum füllen soll. Es werden schnelle Entscheidungen gefordert. Was ist wichtig und deshalb auch gut? Was muss im Hintergrund verschwinden? Was muss ich wissen, was soll ich lesen, wohin muss ich gehen?

Die Trauer ermöglicht den Blick auf Zwischentöne. Sie ermöglicht es, uns in komplexen Situationen zu orientieren und davon auszugehen, dass jede Sache ihren Preis kostet. Wer diesen Blick stabilisieren kann, ist nicht mehr so verführbar durch Versuchungen, Gewinne zu überschätzen und Verluste so lange zu ignorieren, bis sie unerträglich werden. Wie schwer das den Bürgern und den Politikern in der Konsumgesellschaft fällt, zeigt die Überschuldung der staatlichen wie vieler privater Haushalte.

Wer anfängt, Schulden mit geliehenem Geld zu bezahlen, muss eine manische Abwehr aufbauen. In den Konsumgesellschaften ist dieses Verhalten nicht die Ausnahme, sondern eher die Regel. Wer sich die Trauer nicht verbietet, kann auch die Einsicht zulassen, dass wir die vielen glänzenden Konsumdinge nicht ohne Umweltschaden haben können.

In den kommenden Krisen, für die wir das Floß der *Medusa* als Modell gewählt haben, werden die Mächtigen eine gemeinsame Trauerarbeit erst einmal zu vermeiden suchen. Sie werden nicht nur die eigene Verantwortung leugnen, sondern auch versuchen, die Zeichen einer Katastrophe kleinzureden und die Suche nach Lösungsmöglichkeiten überall dort zu erschweren, wo sie ihre Beschönigungen und Lügen antasten könnten.

Demgegenüber sollten wir uns darauf vorbereiten, diese gemeinsame Trauer zu finden, um die Gefahren nicht zu verleugnen. Nur so kann sich in einer Notlage die Kreativität entfalten, können alle das ihnen Mögliche tun. Wenn erst eine Mehrheit der Bürger das Problem sehen und sich gegen die Sirenengesänge wehren kann, es sei gar nicht da oder werde sofort wieder verschwinden, werden neue Kräfte geweckt.

9. Lob der Handarbeit

> Dem Nutzer wird immer mehr abgenommen; parallel dazu wird er auch in immer tiefere Hilflosigkeiten entlassen, wenn das manische Produkt versagt. Das Wachstum der bipolaren Dinge spiegelt die Zunahme der bipolaren Störungen in der Psychiatrie.

In diesem zweiten Teil des Buches geht es darum, wie wir Möglichkeiten finden können, Gefühle von Selbstverantwortung und Eigenmacht gegen den erodierenden Einfluss des Konsumismus zu stärken.

Die Propheten des Konsums nennen die Ware neutral. Es komme lediglich darauf an, sagen sie, was der verantwortliche Mensch mit ihr mache. Aber das ausgewogene Verhältnis zur Umwelt ermöglicht nur Werkzeuge, die unsere Fertigkeiten vergrößern, aber nicht vorgaukeln, es gäbe einen Gewinn an Macht ohne Kosten. In der Konsumgesellschaft wird Technik systematisch benutzt, um die menschliche Neigung zur Regression auszubeuten. Kommerziell sehr erfolgreiche Waren beruhen darauf, dass nicht der Kunde ein Produkt in Besitz nimmt, sondern dieses ihn.

Die Schnelligkeit und Speicherkraft des Computers ist meine eigene, die Pferdestärken meines Autos erweitern meine Kraft und meine Beweglichkeit. Diese manischen Qualitäten sind ein wesentlicher Teil der subjektiven Fortschritte von zentralen Konsumgütern. Dem Nutzer wird immer mehr abgenommen; parallel dazu wird er auch in immer tiefere Hilflosigkeiten entlassen, wenn das manische Produkt versagt. Denken wir nur an die überbordende Elektronik in Automobilen. Das Wachstum der bipolaren Dinge spiegelt die Zunahme der bipolaren Störungen in der Psychiatrie.

Lange Zeit habe ich mit einer mechanischen Schreibmaschine

gearbeitet und nie die tiefe Verstörung erlebt, die durch einen Datenverlust im PC entsteht. Zwar bietet die hochprogrammierte Maschine zahllose Möglichkeiten, einen Text zu bearbeiten und umzuorganisieren. Aber sie kann den Nutzer durch ein Komplettversagen auch seelisch abstürzen lassen. Womöglich verschwindet die Arbeit von Tagen, ja Wochen durch einen winzigen Fehler.

Wenn das Farbband erschöpft war oder ein Typenhebel klemmte, konnte ich zur Zeit der mechanischen Schreibmaschinen diese Defekte selbst reparieren. Heute schmerzt mich die Abhängigkeit von Experten. Die elektronische Welt hat etwas von einer Wildnis für ihre meisten Nutzer, obwohl die Kundigen mit Recht sagen, sie sei letztlich rational organisiert. Das löscht den Eindruck nicht aus, dass die meisten von uns nur wenige Trampelpfade durch einen Dschungel kennen, die alsbald wieder von diesem verschluckt würden, wenn wir sie nicht alle paar Tage ablaufen und so frei halten.

Wir bräuchten Produkte, die unseren kritischen Bezug zur Wirklichkeit verbessern, die uns vernünftige Verhältnisse zwischen Aufwand und Ertrag sinnfällig machen. Aber wir haben Güter, die uns Verschwendung, Sucht nach maximaler Bequemlichkeit, Angst vor Anstrengung und Größenfantasien jeder Art beibringen. Immer mehr Waren verführen uns in eine Zone, in der sie der Konsument nicht mehr erfassen, durchschauen, reparieren und zu 100 Prozent nutzen kann. Ferrari im Alltag: Es ist unwahrscheinlich, dass der Käufer seine elektronisch aufgerüsteten Dinge irgendwann in seinem Leben »ausfahren« wird.

Die modernen Konsumgüter entwickeln sich in zwei Richtungen: In beiden streben sie in die Todeszone des Grenznutzens, wo die Luft dünn wird. Einmal werden sie immer komfortabler, idiotensicher, nehmen uns alles ab. Andererseits werden sie komplizierter. Bei einer britischen Firma ergab eine Untersuchung, dass die Hälfte der als defekt eingeschickten Videokameras völlig in Ordnung war; die Kunden hatten »nur« die Anleitung nicht verstanden.

Haltgebende Umwelten

Während sich die Produzenten von lebensnotwendigen Gütern damit zufriedengeben, dass sie Bedürfnisse befriedigen, die immer wieder spontan entstehen (wie Hunger, Durst, Schutz vor Witterung), müssen die Hersteller von Konsumgütern darauf achten, Abhängigkeiten zu schaffen. Eine davon ist die Undurchschaubarkeit: Nur der vom Hersteller ausgebildete Spezialist, der in aller Regel auch am Verkauf des Produkts und der Ersatzteile verdient, verfügt über genügend Kenntnisse, um Störungen zu beheben.

In diese Richtung sind wir in zentralen Gebieten der Technisierung mit Riesenschritten marschiert. Wer zwischen 1930 und 1950 geboren wurde, hat sich während seiner Sozialisation zum Autofahrer noch damit beschäftigt herauszufinden, wie ein Vergaser und eine Zündanlage funktionieren. Die elektronischen Regelungen der Gegenwart sind Spezialistensache. Den Vergaser konnte der Dorfschmied reinigen; bei der Motorelektronik gibt auch schon die ebenfalls hochgerüstete Werkstatt des Konkurrenzmodells auf.

Ein Prinzip der elektronischen Verdummung ist die Verweigerung der Annäherung. Der Computer reagiert auf den exakten Befehl, ebenso wie beispielsweise ein Tisch perfekt aussieht, wenn alle Teile genau dem Plan entsprechen. Aber wenn nur eine winzige Kleinigkeit in dem Befehl an den Computer falsch ist, ist das Ergebnis nicht besser als bei einer komplett verkehrten Eingabe. Der Tisch hingegen wird immer noch passabel aussehen, auch wenn einige Teile nicht so exakt zugeschnitten sind wie andere. Technik sollte Bastelkunst, Entwicklung und Annäherung fördern, nicht Perfektion und Resignation, wo diese nicht zugänglich ist.

Das Dampfboot *African Queen*, die mechanische Heldin eines Kinofilms mit Katherine Hepburn und Humphrey Bogart, wird von einer Kraftmaschine angetrieben. Diese nimmt dem Besitzer nicht nur körperliche Arbeit ab, sondern fordert auch geistige Auseinandersetzung. Der Skipper muss sozusagen in den Kategorien seines Motors denken lernen, muss wissen, wie viel Holz den Kessel heizt, wann und wo Wasser nachgefüllt werden muss, welche Stellen Schmierfett brauchen.

So geübt, ist er schließlich sogar in der Lage, die Antriebswelle auszubauen und sie in einem improvisierten Schmiedefeuer zu reparieren. Potenziell kann seine geistige Kraft parallel zur Kraft des Motors wachsen. Wagt sich der Besitzer eines modernen Bootes mit elektronisch gezündetem Außenbordmotor in ähnliche Wildnisse wie die *African Queen*, ist er gut beraten, nicht nur große Mengen an Treibstoff, sondern auch einen Reservemotor mitzunehmen. Er kann die unter einer Verkleidung verborgene Maschine geistig nicht durchdringen, sie weist ihn ab, verspricht, ihn zu verwöhnen, und sagt in dem Augenblick gar nichts mehr, in dem sie stillsteht.

Sie leistet pro Kilo Gewicht sehr viel mehr als die Dampfmaschine der *African Queen*, aber sie kann kein anderes Futter annehmen als hochgereinigtes Benzin. Sie steigert die Abhängigkeit von professionellen Werkzeugen und Dienstleistungen proportional zu ihrer Undurchschaubarkeit und den Abhängigkeiten von Spezialöl, Wartung, Ersatzteilen. Es fällt schwer, sich einen Widerborst, wie ihn Humphrey Bogart auf der *African Queen* gibt, mit dieser Technologie vorzustellen. James Bond versteht keines der Wunderdinge, mit denen er seine Feinde narrt. Er kann keines reparieren; daher wechseln die Gadgets so schnell wie die Szenen und lösen sich meist in Explosionen auf.

In Deutschland zugelassene Autos müssen regelmäßig auf ihren technischen Zustand überprüft werden. Es ist verboten, Mängel, die ein mündiger Lenker für vertretbar hält, durch vorsichtige Fahrweise zu kompensieren. Der Porsche mit gültiger Plakette wird vom Gesetz für eine geringere Verkehrsgefährdung gehalten als der Fiat Cinquecento ohne eine solche. Dahinter steht der psychologisch absurde Glaube an eine Fahrerpersönlichkeit, die mit technischen Grenzen »nach oben« – Motorstärke, Geschwindigkeit – vernünftig umgehen kann, während ihr derselbe vernünftige Umgang mit den technischen Grenzen »nach unten« – etwa einem durchgerosteten Boden oder einseitig greifenden Bremsen – nicht zugetraut wird.

Die Illusion der technischen Perfektion verführt zur Selbstüberschätzung; das Bewusstsein technischer Mängel zu Selbstdisziplin und Vorsicht. Die Selbstüberschätzung kann dazu führen, dass aus dem scheinbaren Sicherheitsgewinn ein zusätzliches Risiko wird. Es ist eine Binsenwahrheit: Auch mit neuen Reifen, ABS und ESP darf man bei Regen und Schnee nicht so fahren, als sei die Straße trocken.

Es fehlt gegenwärtig nicht an fast perfekten und recht teuren Fahrzeugen; hier hat die Konkurrenz der Ingenieure Großartiges erreicht. Was fehlt, sind Autos, die billig, leicht, sparsam und geistig anregend sind, weil sie den Bastler wecken, der in jedem Menschen schlummert. Bastler sind vor vielen psychischen Gefahren des Konsumismus geschützt. Sie haben immer zu tun, sie sind selten depressiv, sie sind nicht verwöhnt und setzen sich ständig mit den Grenzen ihrer Fähigkeiten und Fertigkeiten auseinander. Ein Tag auf deutschen Autobahnen macht für mich den Eindruck unabweisbar, dass kaum noch Bastler unterwegs sind.

Die Suche nach dem intelligenten Auto

Ich habe einmal einen Brief in dieser Sache geschrieben:

17.7.1996

Sehr geehrter Herr Piëch,

mir scheint, dass ein Projekt, dem ich versuchsweise den Namen »Volkswagen 2000« gebe, dringend angezeigt ist und inzwischen auch gute Marktchancen hätte. Es wäre ein Modell, mit dem vor allem zwei Ziele verfolgt werden:

1. *Eine ökologische Wende hin zu langsameren, leichteren und schwächer motorisierten Fahrzeugen, die nicht nur sparsamer sind, sondern auch das Konzept einer aggressiven technologischen Hochrüstung (starker Motor erfordert ABS und Airbag usw.) preisgeben.*
2. *Eine pädagogische Wende hin zu einer Technik, die nicht mehr durch wachsende Undurchschaubarkeit den Nutzer in einen Rückschritt seiner geistigen und emotionalen Qualitäten hineinzwingt.*

Die erste Forderung ist nicht neu; sie wurde schon häufig von Kritikern der gegenwärtigen Systeme des Individualverkehrs geäußert. Neuartig ist die Verbindung solcher technischen Modelle mit einer unternehmerischen Reaktion auf psychische Rückschritte, die sich heute in der Bevölkerung vor allem bei der Jugend beobachten lassen. Der gegenwärtige Hang zum Komfortschritt führt dazu, dass immer breitere Bevölkerungsschichten immer höhere Ansprüche an Verwöhnung entwickeln. Die Produkte bestärken sie in dieser Entwicklung. Sie sind immer komfortabler, verwöhnender und undurchschaubarer geworden.

Sie, Herr Piëch, haben in der Volkswagen AG bereits wesentliche Schritte in Richtung auf Nachhaltigkeit und Ökologie konzipiert. Volkswagen 2000 wäre ein Schritt in dieselbe und doch in eine ganz andere Richtung. Das Automodell sollte auf maximale Eigenleistung in Wartung und Reparatur angelegt sein, um jungen Menschen möglichst viele Gelegenheiten zu bieten, Technik wie auch Technik-Umwelt-Relationen unmittelbar und sinnlich zu erfahren.

Das neue, kostengünstige, schwach motorisierte und auf eine Dauerhöchstgeschwindigkeit von 90 km/h ausgelegte Modell sollte aus unlackiertem, korrosionsbeständigem Material (Edelstahl, Alu) bestehen. Die Ausführung ist möglichst robust, einfach, überschaubar und nach Gesichtspunkten konzipiert, die technisches Interesse wecken. Alle Teile sind normiert, recycel- und austauschbar. Reparaturen an Fahrwerk, Motor und Karosserie können dank übersichtlicher Bauweise und detaillierter Anleitungen von interessierten Laien geleistet werden.

Weitere Anregungen: Das Auto ist auch als Bausatz lieferbar, der zum Beispiel von einer Berufsschulklasse unter Anleitung eines Lehrers zusammengesetzt werden kann. Alle Modellvarianten sind vernetzt; das Auto »wächst mit«, zum Beispiel vom Zweisitzer zum Viersitzer. Die Batterie wird durch eine Solarzelle auf dem Dach geladen; es gibt wieder eine Startkurbel. Umstellungen auf Hybrid- oder Elektrobetrieb und nachwachsende Rohstoffe (Antrieb durch Biodiesel oder Bioalkohol) sind im Baukastensystem enthalten.

Mir ist klar, dass ein solches Konzept einen traditionell an stärkeren, schnelleren und bequemeren Fahrzeugen orientierten Konstrukteur fremd, vielleicht nostalgisch oder chancenlos anmutet. Ich glaube aber, dass es genügend Liebhaber für ein solches Fahrzeug geben wird, vor allem, wenn ein großer Konzern alle Möglichkeiten zu einer durchdachten Konstruktion ausschöpft.

Abschließend noch eine Gegenüberstellung der traditionellen Technik und einer Technik der Zukunft:

Traditionelle Technik	Technik der Zukunft
Komfortorientiert	*Lernorientiert*
Erzieht zur Bequemlichkeit	*Erzieht zur Aktivität*
Wachsende Abhängigkeit von Spezialisten	*Wachsende Unabhängigkeit von Spezialisten*
Modeorientierung	*Zeitlosigkeit, Baukastensystem*
Wachstumsorientiert	*Stabilitätsorientiert*

Müllintensiv	*Rohstoffsparend*
Störungen erzeugen Abhängigkeit von Spezialisten	*Störungen erweitern die eigenen Fähigkeiten*
Unzugängliche Struktur	*Übersichtliche Struktur*
Bequeme Bedienung	*Aktivierende Bedienung*
Geringe Bindung des Nutzers an Produkt	*Starke Produktbindung*
Austauschbarkeit des Produkts nach Komfort und Leistung	*Unverwechselbarkeit des Produkts durch Produkt-Nutzer-Interaktion*

Mit freundlichen Grüßen
Wolfgang Schmidbauer

Ich habe keine Antwort erhalten. Immerhin rief mich ein Ingenieur aus der Marketingabteilung des VW-Konzerns an. Wir plauderten längere Zeit, er bedankte sich für die Anregung und versprach – ohne sich daran zu halten –, mich über das Schicksal meiner Vorschläge zu informieren. Er sagte mir durch die Blume, dass Konstruktionen ohne ABS und Airbag von den führenden Ingenieuren als unzeitgemäß verachtet werden und gegenwärtig keine Chance haben.

Leser der Sammlung *Über die dummen Dinge*[31] haben mich belehrt, dass wahrscheinlich in dem riesigen VW-Konzern das Ingenieurswissen für einfache, bastelfreundliche Lösungen längst verloren gegangen ist. Um es zu finden, wäre es klüger, in Sachsen zu suchen, wo seinerzeit der Trabant gebaut wurde.

Es ist zu erwarten, dass sich in Mangelsituationen der alte Spruch von der Not bewährt, die erfinderisch macht. Aber es ist bedauerlich, wie wenig wir in der Lage sind, uns in guten Zeiten auf den Mangel vorzubereiten. Da war der biblische Joseph in Ägypten klüger.

Es gehört zu den makabren Szenarien der Gegenwart, dass es leichter ist, im Internet Anleitungen zum Bau von Bomben für Terroranschläge als Rückbesinnungen auf technische Lösungen zu finden, die in den Krisen der Zukunft hilfreich sind und gegenwärtig sehr viel Freude machen könnten, wenn wir nur bereit wären, sie auszuprobieren. Ein Beispiel ist die Dampfmaschine. Kleine Kraftmaschinen, die mit Holz beheizt werden, könnten Energieprobleme in dünn besiedelten, waldreichen Gegenden lösen. Wenn ein Generator von einer Dampfmaschine betrieben wird, kann diese gleichzeitig im Winter (wenn wir besonders viel Strom für Licht brauchen) das Haus heizen.

Auf englischen Seen fahren noch kleine Dampfboote mit blinkenden Schwungrädern und Messingarmaturen, Nachkommen der *African Queen*. Die Kessel werden mit Buchenscheiten beheizt. Bei kühlem Wetter ist das Feuer an Bord angenehm.

Eine andere verlorene Zukunftstechnik betrifft den mit Muskelkraft betriebenen Generator. Auf alten Fotografien von Expeditionen sehen wir noch Fahrradgeneratoren, um Funkgeräte oder elektrische Beleuchtung zu betreiben. Ein Kuli oder Boy ist abkommandiert, um die Europäer mit Energie zu versorgen. Das durch Pedalantrieb mit Strom versorgte Fernsehgerät in unseren Haushalten würde die Zahl der Herzkranken und Diabetiker vermindern. Sie könnten energieautark werden und ihre Kräfte üben, statt ihre Abende mit Fernsteuerung, Bierflasche und Chipstüte zu verbringen.

Ich stelle im Folgenden einige Szenarien zusammen, die das Bewusstsein für die Macht der Dinge über unsere Gefühle schärfen, und beginne mit einem schlichten Beispiel.

Bleistifte spitzen

Kindern zeigen wir, dass ein Stück Blei, wie wir es zum abergläubischen Gießen an Silvester benutzen, auf weißem Papier einen blassen Strich hinterlässt. Der Bleistift, den wir billig kaufen können, schreibt nicht mehr mit Blei, sondern mit Grafit. Er ist eines der intelligentesten Schreibwerkzeuge von unübertroffener Bequemlichkeit und Ökonomie. Keine Füllfeder, kein Kugel- oder Faserschreiber kann so viele Zeichen für so wenig Geld bieten. Die färbende Mine ist von einem Mantel aus Holz umgeben, der sie bruchsicher macht. Abgenutzt, versteckt sie sich in einem Holzkragen; der Bleistift muss gespitzt werden.

Meine Mutter nahm ein scharfes Messer und schnitt fünf bis sieben Späne so geschickt ab, dass die Bleistiftspitze wieder freilag und die Mine einen feinen Strich zeichnete. Wir brachten ihr unsere Bleistifte, wenn die »Bleistiftspitzer« in unseren Federmäppchen die Mine immer wieder abgedreht hatten. Diese Spitzer sind meist ein Stück Plastik oder Metall mit einem kegelförmigen Loch und einem winzigen Messerchen über einer Öffnung, durch die der in einer Drehbewegung abgehobene Span austritt.

Nur teure Geräte spitzen zuverlässig. Höchste Schärfe ist nötig, um das Holz in einer Drehbewegung so glatt zu durchschneiden, dass eine empfindliche Mine nicht immer wieder abbricht, weil die Scherkräfte zu groß sind.

Die baskische Firma Casco, die früher Waffen herstellte, liefert für einige hundert Euro den perfekten Spitzer mit Handkurbel und Spanschublade. Jedes gepflegte Taschenmesser tut denselben Zweck und weckt die schlummernden Fähigkeiten des Menschen, seine Feinmotorik so zu ordnen, dass eine fünf- bis sechsseitige Spitzenpyramide entsteht.

Bewegung

Unser Körper ist darauf angelegt, dass Bewegungen einen Sinn haben. Vielleicht wurzelt darin die unlösbare Frage nach dem »Sinn des Lebens«: Solange wir sammeln oder jagen, denken wir nicht nach über den Sinn dieser Bewegungen, sie tragen ihn in sich. Wenn Wurzeln geerntet, ein Bienennest entdeckt, eine Beute erlegt werden soll, müssen alle körperlichen und mentalen Kräfte zusammenwirken. Dazwischen gibt es lange Phasen der Suche. Wir entdecken das Neue dadurch, dass wir es mit dem Vertrauten vergleichen.

Dadurch gewinnt jede Suche ihre Orientierungen; vorher ist sie ziellos und in der Regel weniger wirkungsvoll. Wenn ich in einen Wald gehe, um Pilze zu sammeln, brauche ich anfangs viel Zeit und ernte wenig. Ich kenne den Wald noch nicht, finde keine bequemen Pfade, weiß keine Fundplätze. Im Lauf von mehreren Sammelzügen gewinnt mein Revier eine Struktur. Ich trage einen Plan in mir, der viel Zeit spart, weil ich nicht mehr überall mit gleicher Intensität suche, sondern an den erprobten Stellen intensiver und an den wenig lohnenden nur flüchtig. Ich kenne bequeme Wege, wo das Gelände offen und der Überblick gut ist.

Wachsam durch die Welt zu wandern ist die Grundbeschäftigung des Menschen – nicht, vor einem Bildschirm zu sitzen und die Welt wegzuzappen, wenn sie nicht schön genug ist.

Wo diese harmonische Übung von Körper und Geist verloren geht, werden dumme Dinge erfunden, um den Verlust auszugleichen. Man kann beispielsweise eine komplizierte Maschine vermarkten, welche dazu dient, die verlorene Wanderung durch die Welt mit Hilfe eines elektrisch betriebenen Laufbands wiederherzustellen. Von dort blickt der Wanderer, der sein Schwitzen regulieren kann, auf eine Digitaluhr, welche ihm sagt, ob er genug geschwitzt hat. Etwas Neues finden wird er mit diesem Gerät nie, aber er kann es immerhin vor dem Fernseher aufstellen.

Die meisten in der Fernsehreklame von waschbrettbäuchigen Athleten angepriesenen Geräte, welche den Bewegungsmangel des Büromenschen ausgleichen sollen, verstauben in einem Winkel, weil die Übungsdisziplin nie mitgeliefert wird. Maschinen, die wirklich gar nichts anderes können, als die Produktion von Muskelfasern anzuregen, sind eine Beleidigung der menschlichen Intelligenz.

Das gesunde Leben wird zum Additiv, wie Vitamine im Dosengemüse. Es wird erst ausgetrieben und dann rekonstruiert. Wir leben länger als die Menschen der Steinzeit, weil Kälte und Hunger gefährlicher sind als Klimaanlagen und Übergewicht. Aber wir könnten noch erheblich länger und mit höherer Qualität leben. Die sinnliche Verbindung von Bewegung und Lebensunterhalt ist abgerissen. Wir arbeiten im Sitzen und sind zu erschöpft, um uns zu bewegen; Bewegungsmangel aber ist der Anfang aller »Zivilisationskrankheiten«.

Besser als Gesundheitsappelle wären Verkehrssysteme, in denen Hand- und Beinarbeit wieder ihren Platz haben, Humanomobile bzw. Anthromobile statt motorbetriebener Fahrzeuge, Grünbahnen, um auf angenehme Weise von einem Ort zum anderen zu kommen. Die Beweislast muss umgedreht werden: Nicht der Radweg muss der Autostraße abgetrotzt werden, sondern die Autostraße braucht eine Zulassung, die so streng gehandhabt wird wie die von Maschinenpistolen.

Hammer, Sichel und die Folgen

Der Hammer stand zu Marx' Zeit für eine Form früher industrieller Architektur: genietete Stahlträger, aus denen der Eiffelturm und viele Eisenbahnbrücken gebaut wurden. Er ist älter als die Sichel; es gab ihn schon in der Altsteinzeit, nicht erst seit der Erfindung des Ackerbaus. Er war damals wohl mehr ein Prestigeobjekt, eine selten gebrauchte Waffe mehr als ein Werkzeug. Viele Steinhämmer tragen keine Spuren einer Benutzung, ebenso wenig ihre Vorgänger, die sogenannten Faustkeile.

Der Hammer hat sich aus der Keule entwickelt, die vielleicht das älteste Werkzeug überhaupt ist: Schimpansen vertreiben Leoparden mit Holzprügeln. Als unsere gemeinsamen Vorfahren den typischen Schritt vom Zufallswerkzeug zum festgehaltenen, »wiedererkannten« Werkzeug machten, haben sie sicher bald herausgefunden, dass der Schlag mit einem Stock wirksamer wurde, wenn dieser vorne schwerer war.

Der germanische Gott Thor schwang seinen Mjölnir gegen die Riesen; Ritter klopften sich mit Streitkolben Beulen in die Helme. Bis heute ist der Hammer ein kluges Ding geblieben, er lehrt uns elementare Zusammenhänge von Schwung, Kraft und Wirkung, wie jeder erlebt, der versucht, einen Nagel in hartes Holz oder in eine Ziegelmauer zu schlagen.

Kluge Leute tun solche Arbeiten nicht ohne Schutzbrille. Seit ich einmal meine Tochter, die mit Hilfe eines Hammers eine Kiste zerkleinert hatte, mit einem in die Hornhaut des Auges gespießten Metallsplitter in die Klinik brachte, habe ich Achtung vor der Gewalt des Hammers.

Sehr alt ist auch die Sichel. Sie wurde nicht vom Wildbeuter geschwungen, sondern wohl von den Frauen entdeckt, die während der Jungsteinzeit die Landwirtschaft erfanden. Überall gehen Sichelfunde mit den ersten Spuren von Getreide zusammen – es gibt Sicheln aus Stein, aus Bronze, schließlich aus Eisen. Es gibt Zug- und Hausicheln. Die ersten tragen feine Zähne, deren Spitzen zum Griff weisen. Sie sind schmal und leicht, die Arbeiterin erfasst mit einer Hand die Halme und zieht mit der anderen die Sichel auf sich zu. So lässt sich der Schnitt gut kontrollieren und das abgeerntete Bündel zum Transport bereitlegen. Schneller, aber auch unordentlicher arbeiten die Hausicheln, aus denen sich die Sense entwickelt hat.

Sie nutzen den Schwung. Schwung kann geradeso gut danebengehen wie die Wirkung steigern. Hausicheln sind breiter, tragen keine Zähne und werden, ebenso wie die Sense, gewetzt und gedengelt. Die Sense erlaubt es, den Schwung noch besser zu nutzen und auf die gebeugte Haltung zu verzichten, die eine Sichel immer dann erzwingt, wenn man Halme dicht am Boden ernten will. Auf dem Bauernhof meines Großvaters wurde in den fünfziger Jahren noch mit der Sense gemäht.

Als ich später einen Obstgarten zu versorgen hatte und mir eine Sense kaufte, fuhr sie oft in den Boden oder knickte die Grashalme um. Ein alter Nachbar zeigte mir, wie man die Sense einstellt. Schließlich fand ich noch eine alte, dünn gewetzte Sense, die durch das Gras fuhr wie der Blitz. Sie war viel kleiner und leichter als das Exemplar aus dem Baumarkt.

Beim Mähen mit der Sense stellt sich ein Rhythmus von Arbeit und Ruhe her, der ohne Anstrengung sein kann, wenn der Mäher Zeit hat und ihn niemand hetzt. Der Fluch der Landarbeit, der jeden Bauern zu den Maschinen treibt und den ich als Kind noch spüren konnte, ist der innere oder äußere Zwang, über die körperliche Erschöpfung hinaus zu arbeiten und die Schmerzgrenzen, die uns vor dem Verschleiß des Bewegungsapparates warnen, nicht zu respektieren. Wer meint, so arbeiten zu müssen, für den ist die Maschine Erlösung.

Wer Muße hat, mäht seine Wiese am besten mit der Sense. Mit ihr lernt er das Zusammenspiel von Schwung und Erfolg. Wie weit soll er ausholen, wie tief mit der Spitze in das stehende Gras eindringen? Wenn er Atem schöpfen will, holt er den Wetzstein aus dem Kumpf und streicht die Sense damit, dass sie klingt. Abends vor der Getreideernte hat mein Großvater immer gedengelt, rittlings saß er über dem kleinen Amboss auf einem Holzbock aus einer geschälten Pappel, spuckte immer wieder auf die Sense und klopfte die so befeuchtete Schneide mit dem Dengelhammer flach.

Im Dengeln sind Hammer und Sichel vereint. Lange Zeit wird

eine neue Sense mit jedem Dengeln besser, gewinnt an Schärfe, an Leichtigkeit. Irgendwann ist sie allerdings so abgenutzt, dass sie nicht mehr gedengelt werden kann, wenn sie nicht schon vorher gebrochen ist, weil sie zu viel Substanz verloren hat.

Handarbeit ist ein unverzichtbares Mittel, unseren Kontakt mit der Wirklichkeit zu verbessern, unsere Triebenergie in konstruktive Bahnen zu lenken und unsere Persönlichkeit zu entwickeln. Um den Segen der Handarbeit zu erleben, müssen wir sie von erzwungener Schinderei unterscheiden, die leider tief in unseren Traditionen verankert ist. Schließlich hat die Bibel Adams Plage zum Symbol für den Verlust des Paradieses gemacht.

Jeder Mensch braucht ein gewisses Maß an körperlicher Anstrengung, um gesund zu bleiben. Für den Künstler ist der Widerstand der Materie ein Anstoß von Kreativität. Arbeit erfüllt und befriedigt Körper und Geist vor allem in der Gestalt des *Wechsels* von Hand- und Kopfarbeit, bei dem die Kopfarbeit Ausruhen von der körperlichen Belastung bietet, die Handarbeit Regeneration der einseitigen Konzentration. Wir sind nicht zum Sitzen geboren, sondern zur Tätigkeit, zum Sammeln und Jagen, zum Basteln und Probieren.

Die LOHAS[32]-Illusion

In einem schwungvollen Buch[33] hat Kathrin Hartmann 2009 eine Illusion zerpflückt, die sich mit dem großen Erfolg von »Manufactum« verbinden lässt. Einst angetreten, um Produkte auf den Markt zu bringen, die sich dem Konsumismus verweigern (»Es gibt sie noch, die guten Dinge«), ist es heute ein hochkommerzielles Unternehmen, das seinen Kunden vermittelt, allein durch Shoppen in angenehmer Atmosphäre oder wählerisches Blättern in einem perfekt gestylten Katalog würden sie eine Menge für die Umwelt tun.

Dieses Lifestyle-Marketing heute erinnert mich an Manöver,

die ich 1972 im *Homo consumens* beschrieben habe, als die Ökologiebewegung den Kinderschuhen entwuchs: Die einfachste Art für die Großindustrie, sich ein umweltfreundliches Image zu verschaffen, ist die Lüge. Eines meiner Beispiele war die Reklame eines Papierherstellers, der mit dem Bild eines prächtigen Gebirgsbachs dafür warb, dass dank seiner Bemühungen der Clearwater River immer noch sauber fließe. Allerdings war das Foto oberhalb der Fabrik aufgenommen worden.[34]

Wer den korrekten Kaffee oder das ohne Kinderarbeit produzierte T-Shirt kauft, tut »etwas« für die Umwelt. Sobald er aber glaubt, es sei *wirksam*, erzählt er sich selbst ein Märchen. Längst haben die Marketingexperten entdeckt, dass es für den heutigen Konsumenten nicht weniger befriedigend ist, von einem latent schlechten Gewissen entlastet zu werden, als es für seine Eltern war, sich an Kaviar und Champagner zu erfreuen. Es wäre doch allzu schön, einfach durch Shoppen oder den Umweg zur »guten« Tankstelle etwas für die Umwelt zu tun.

Während das Luxusprodukt ehrlich ist, weil es zu der Klassendifferenz steht, die es produziert, entsteht im Öko-Lifestyle eine Illusion, es gäbe ein gutes Kaufen, das den Käufer vom schlechten Kaufen distanziert und zu einer guten Zukunft des Planeten beiträgt.

Aber die Vision der Herstellung einer Kultur, die im Gleichgewicht mit der Umwelt lebt, ist verlogen. Die Ökostyle Kaufhäuser wollen Umsatz machen und wachsen, während dem Klima und dem Ressourcenverbrauch mehr gedient wäre, wenn der Kunde den überteuerten Laden mit leeren Taschen verließe. Wer das alte Rad repariert oder einen Lederfleck aus einer abgetanen Handtasche auf den Ellbogen der durchgewetzten Tweedjacke seines Großvaters näht, hat mehr für LOHAS getan, als es der Einkauf bei Manufactum jemals leisten wird.

Allerdings sollte man sich hüten, in einen typischen Fehler des Über-Engagements zu verfallen und die Lifestyle-Ökologie *schlim-*

mer zu finden als gar keine. Freud hat vom Narzissmus der kleinen Unterschiede gesprochen und beschrieben, dass es beispielsweise keine hämischeren Verächter des Christentums gibt als – Christen. Wer den eigenen Glauben falsch auslegt oder missbraucht, wird heftiger verurteilt und verfolgt als jeder Heide. Wer über den Zusammenhang zwischen seinem Einkauf und der Ökologie nachdenkt, ist immerhin einen Schritt weiter als der gänzlich Gedankenlose. Wir sollten ihn nicht deshalb verteufeln, weil wir enttäuscht sind, dass er diesen Schritt nicht fortsetzt, sondern es sich nach ihm wieder bequem macht. Nur Missionare bekämpfen andere Missionare, weil diese ihnen in der Bekehrung von Heiden Konkurrenz machen. Wer ein Floß bauen will, erkennt schnell den Unterschied zwischen einem konstruktiven Beitrag und hohlen Worten, die gegen leere Worte streiten.

10. Bastelkünste als Zukunftswerkstatt

Menschen singen Preislieder für leere Wohnungen, nackte Wände und Zen-Gärten. Niemand bewundert Gerümpel, Müll und Limbo-Dinge zwischen Vielleichtnocheinmal und Niewieder.

Die meisten Gebäude des Konsumismus gleichen den Autos darin, dass sie immer unübersichtlicher werden, von einer Komfort-Manie durchtränkt. Ihre Heizanlagen erwecken beim Betreten des Steuerraums den Eindruck, man sei auf die Brücke eines Ozeandampfers geraten. Wenn es hereinregnet, ist der Bewohner ohnmächtig, weil die Dachhaut so kompliziert ist, dass er ihren Aufbau nicht durchschaut; wenn irgendwo Schimmel entsteht, müssen Experten zurate gezogen werden, um die Ursache zu finden.

Auch die Häuser haben ihren Überwachungsverein: die Baubehörden. Merkwürdig, dass die meisten Menschen Dörfer und Marktplätze im Jemen, in der Toskana oder in Andalusien so viel schöner finden als alles, was unter der Bauaufsicht entstand und entsteht. Die Behörden sind Kreativitätsblockaden, Durchschnittsgaranten, Monotonisierer. Am einfachsten hat es der, der genauso dumm baut wie sein Nachbar. Wer sich an die Regeln hält, dem wird die Originalität nicht verboten. Aber sie wird auch nicht begrüßt.

Dem Bastler, der gerne ein Haus nach seinem Geschmack in Handarbeit machen möchte, wird durch das ganze System seine Arbeit immens erschwert. Er muss nach den Vorschriften der Behörde viele Formulare ausfüllen und Pläne liefern, die der Bauindustrie mit ihren genormten Materialien zuarbeiten. So kann das wunderschöne von eigener Hand gebaute Haus in Deutschland nirgends entstehen, das im toleranten Kalifornien aus Abbruchholz, Zedernschindeln, ausgedienten Schaufensterscheiben gezimmert wird, es gibt nicht die Häuser aus Heuballen, Autoreifen, Autofensterscheiben, altem Blech und Abbruchmaterial, die Samuel Mockbee mit seinen Studenten im bettelarmen Arkansas baut.

Es gibt in den armen Ländern, die sich solche Behörden nicht leisten können, eine grandiose Bastelkultur des Bauens, die sehr viel Erfindungsreichtum freisetzt. Mockbee ist einer der Ersten, die diese Kultur nicht von oben herab betrachten, sondern pädagogisch verwerten: Seine Studenten bauen sich ihre eigenen Unterkünfte auf dem Campus aus den Balken eingestürzter Holzbrücken, aus laminierter Pappe, altem Blech und ausgedienten Fenstern. Sie schweißen alte Nummernschilder zu ganzen Blechdächern und weben die Lichtfront eines Gemeindezentrums aus 70 Seitenfenstern eines Ford-Modells, die sie auf Autofriedhöfen einsammeln. Wer mit solchen Projekten sein Diplom in Architektur macht, wird sicher später anders mit Bauaufträgen umgehen als ein Bauingenieur, der zum verlängerten Arm der Zement-, Ziegel- und Isolierstoffindustrie herangebildet wurde.

An der Straße von San'aa nach Sada im Norden des Jemen fährt der Reisende nicht nur an den schönsten Lehmhäusern vorbei, deren Bautechnik mit den gestampften Wülsten und den gegen das Regenwasser nach oben gewölbten Ecken sich in Jahrhunderten entwickelt hat. Er kann auch ein Wunderwerk des Recyclings studieren: einen Wasserturm, der aus den starren Achsen von geländetauglichen Autos geschweißt ist, höchst grazil durch die runden Aussparungen in der Mitte jeder Achse, in der früher das Differenzial saß.

Wenn wir heute arbeiten, um die Rechnungen der Stadtwerke für Strom, Gas und Wasser zu bezahlen, können wir keinen sinnlichen Zusammenhang zwischen unserer Arbeit und der Wärme herstellen, mit der wir uns vor dem Frost schützen und unsere Speisen kochen. Damit verlieren wir auch entscheidende Möglichkeiten, mühelos zu lernen, was wir schließlich in großer Selbstdisziplin wieder erwerben sollten: das Bewusstsein über die Endlichkeit von Energiereserven, den Zusammenhang zwischen Produktion und Verbrauch. Unsere Vorfahren hatten es einfacher: Die Welt, in der sie lebten, nötigte sie zu jenem ökologisch korrekten Wirtschaften, dessen Verlust wir heute in Podiumsdiskussionen beklagen.

Meine bäuerliche Großmutter machte jeden Tag dreimal ein Feuer in dem großen Küchenherd. Abgesehen von einem Streichholz und einem Fetzen des *Altöttinger Liebfrauenboten*, den ich – in Vierecke geschnitten – auch vom »Häusl«, dem Plumpsklo, her kannte, brauchte sie nichts, was sie nicht selbst gemacht hatte.

Das Holz für die kurzen, heißen Kochfeuer kam aus dem Auwald. Äste und Zweige, die heute als Abfall verfaulen, wurden mit einem breiten, flachen Beil, wie es auch Metzger haben, in anderthalb Spannen lange Stücke geschnitten, mit einem Weidenzweig fest zusammengeschnürt und dann zum Trocknen aufgeschichtet. Auf dem Dachboden der Werkstatt lagen immer große Mengen.

Sie brannten willig; das Teewasser wurde so schnell warm wie auf einem Gaskocher. Die Oma nahm immer einige Ringe aus dem Herd und hängte den Topf direkt in die Flammen. Im Winter, wenn die Küche als einziger Raum geheizt wurde, kamen stärkere Scheite dazu, ebenso beim Dreschen, wenn auf demselben Ofen große Mengen Schmalznudeln in zerlassener Butter schwammen.

In einer Schweizer Stadt standen in einer Kunstgalerie wunderschöne komplexe Gebilde aus Eisenguss und Kupfer: Es waren Ölbrenner. Der Gedanke, etwas so Lebendiges und Wichtiges wie das Feuer nicht in einem Keller seine Arbeit tun zu lassen, sondern im Wohnzimmer, ist ein Schritt in die richtige Richtung. Er könnte dazu führen, dass auch ein Ölbrenner wieder intelligent wird, das heißt so gestaltet, dass sein Anblick uns belehrt und seine Funktionen sich uns so erschließen, dass wir im Umgang mit ihm Kompetenzen gewinnen, die darüber hinausgehen, die Nummer der Störstelle aus einem Prospekt zu fingern.

Moderne Heizungstechnik macht den Nutzer von einem Spezialisten abhängig, der ihm beim ersten Defekt einen Wartungsvertrag aufschwätzt. Wenn unterschiedliche Dinge nicht mehr ihren Charakter zeigen dürfen, sondern hinter einheitlichen Verkleidungen verschwinden und das als »schön« und »modern« gilt, dann geht diese Entwicklung in die falsche Richtung: Verleugnung von Zusammenhängen (wie auch die grandiose Torheit der Leitungen »unter Putz« in der Architektur), Abhängigkeit von spezialisiertem Personal, Feindschaft gegenüber dem Bastler.

Der älteste Herd war das Feuer in der Höhle, in der Erdhütte, im Wigwam oder im Zelt. Die Feuerstelle ist in Steine gefasst. Sobald es gemauerte Häuser gibt, wird auch der Herd gemauert, er ist höher als seine Umgebung, man muss sich nicht bücken.

In toskanischen Bauernhäusern, deren Architektur sich seit der Zeit der Etrusker nur wenig geändert hat, ist der Herd aus groben Steinen geschichtet und etwa kniehoch, ein Kompromiss zwischen der ersten Unbequemlichkeit, sich zu bücken, und der zweiten, das Feuerholz hochheben zu müssen, und nicht, wie es der alte Höhlenherd möglich machte, einfach einen dicken Stamm hereinzuschleppen und ihn über die Glut zu ziehen.

Wer je an kalten Wintertagen ein offenes Feuer unterhalten hat, ist froh um einen niedrigen und großen Kamin. Der Kamin in dem toskanischen Bauernhaus war für Klafterhölzer gebaut, die so lang sind, wie ein erwachsener Mann die Arme breiten kann, von Fingerspitze zu Fingerspitze. Diese brennen in der Mitte durch und können dann noch einmal aufgelegt werden.

Anfangs dachte ich im Winter, dass ich mit dem offenen Kamin die kalte Wohnküche des Toskana-Hauses nie warm kriegen würde. Im Feuerstrahl zu heiß, in seinem Schatten zu kalt, so wird doch immer vom Kaminfeuer gelästert.

Das änderte sich, als erst einige trockene Kastanienstämme in Asche verwandelt waren: Immer weniger musste die innere Wärme durch das Holzsägen herhalten, um den Mangel an Zufuhr von außen auszugleichen. Die Rückwand des großen Kamins fing an, gespeicherte Hitze abzustrahlen, die zugige Wohnküche mit ihren vier Türen war angenehm temperiert, wie man es anfangs nicht denken mochte.

Ein Kaminfeuer ist in wenigen Minuten aus den dürren Ästen aufgeschichtet, die ich auf einem Weg durch den Hauswald zusammenraffe oder mit einer langstieligen Säge von den Laubbäumen hole. Als Feuerstarter hebe ich das Öl auf, in dem Artischockenherzen oder Anchovis eingelegt sind. Es steht in einem der Deckelgläser auf dem Kaminsims. Wenn es zögernd brennt und die Flamme von den dünnen Zweigen nicht so recht auf die dicken Äste übergreifen will, genügt eine zweite Portion, die Flammen lecken gierig danach, wachsen und fressen nachher das Holz weiter, das ihnen zuerst zu groß war.

In alten Landwirtschaftslexika, von denen ich bei Antiquaren zwei aufgetrieben habe, ist bei jedem Baum beschrieben, wie gut sich sein Holz für das Feuer eignet. Dass Buche, Eiche und Birke gut sind, weiß jeder. Olivenholz und Robinie brennen womöglich noch besser. Aber alle werden vom Wacholder übertroffen. Baumheide (Erika) brennt auch grün; alles andere Holz muss mindestens ein Jahr trocknen (in Deutschland zwei Jahre; die Sonne hat dort nicht so viel Kraft).

Wie groß müsste ein Waldgrundstück sein, um den Besitzer eines Herdes von Fremdenergie unabhängig zu machen? Bereits ein Wäldchen von ein paar hundert Quadratmetern kann Holz für viele Feuer liefern.

Das Paradies des Bastlers

Gerümpel und Müll sind die Hölle des Konsumismus und das Paradies des Bastlers. Überall, wo ich mich ansiedle, wachsen Reservoire des momentan Unnützen, das aber – vielleicht – wieder nützlich werden oder einem anderen aus einer Verlegenheit helfen kann.

Es gibt Entrümpelungsbücher von fanatischer Einseitigkeit, die dem einen freien Kopf versprechen, der sich von überflüssigen Dingen befreit. Aber neben jedem Ding, das sein Gnadenbrot an Raum verzehrt, nie mehr zu etwas gut ist und besser schon lange weggeworfen worden wäre, stand doch ein anderes, das zu früh weggeworfen wurde und irgendwann dem Bastler fehlt, weil er oder seine Enkel es jetzt brauchen könnten.

Mir sind die Feng-Shuis der Entrümpelung suspekt, weil sie zu gut in die Haltung des Konsumismus passen, alle paar Jahre die Möbel und das Auto zu wechseln. Modezwänge, die uns eine Garderobe entsorgen lassen, von der nichts verschlissen ist – was für ein Widersinn. Mir steht Picasso näher, ein Künstler-Bastler, ich erinnere an seinen »Stier« aus alten Fahrradteilen.

Eines Tages fasste sich Picassos Lebensgefährtin Françoise Gilot ein Herz und warf zwei der ältesten Hosen des Malers in die Mülltonne. Abends kam Picasso strahlend nach Hause, trug die Hosen über dem Arm und sagte: »Sieh nur, Françoise, was ich für wunderbare Hosen in unserem Müll gefunden habe. Ich verstehe nicht, was die Leute heute alles wegwerfen!«

Als Kinder liefen wir zu jedem Abfallhaufen, jeder Müllhalde, wie sie in den fünfziger Jahren noch überall außerhalb der Orte zu finden waren. »Geht doch endlich da weg! Macht euch nicht dreckig! Bringt mir nichts von dem Zeug nach Hause!« Das ist die Stimme meiner Mutter aus dem Hintergrund, wenn mein Bruder und ich auf einem Spaziergang solche Schätze entdeckt hatten.

Später wurden wir klüger, wir gingen allein hin und brachten unsere Beute gleich in ein Versteck. Manchmal konnte man eindrucksvolle Dinge damit anfangen; eines Tages fand mein Bruder ein Bügeleisenkabel; der Stecker war noch dran, das Bügeleisen fehlte, stattdessen ragten zwei blanke Drähte aus der Isolierung. »Ich zeig dir was«, sagte mein Bruder konspirativ, steckte den Stecker in die Steckdose und näherte die beiden Drahtenden einander an. Funken sprühten, es krachte, dann war es im ganzen Haus finster, und man hörte das Fluchen des Großvaters, der nach dem Sicherungskasten tappte.

Wir hatten sozusagen ein Mittel in der Hand, mit dem wir den Haushalt für kurze Zeit auf unsere steinzeitliche Stufe bringen konnten: die der schweifenden Jäger und Sammler, die ihre Umwelt als eine große Schatzkiste erleben, in der sie alles finden und aus der sie alles holen können, was sie zum Leben brauchen. Das scheint mir die Stimmung dieser kindlichen Streifzüge gewesen zu sein, die ich wieder beschwören kann, wenn ich zufällig in einen Ort gerate, wo Sperrmüll abgefahren wird. Dann gehe ich von Haufen zu Haufen und suche nach Brauchbarem, einem Aluminiumtopf etwa, wie es ihn heute nicht mehr gibt, einer Sense, einer Milchkanne, Dinge, die noch keine Antiquitäten sind, es aber in den nächsten Jahrzehnten werden müssten. Wenn ich kann, packe ich sie ein.

Gerümpel wird vor allem deshalb zu Abfall, weil wir es nicht ordnen, sondern anhäufen und es schwer ist, in ihm etwas wiederzufinden. Im Gerümpel muss man lange suchen, um etwas zu finden, in einer Sammlung nicht.

Es gibt Anstöße, ein Ding aus dem Limbo des Gerümpels zu erlösen. Jemand kann, wie bei den armen Seelen, Fürbitte tun. Als meine Töchter die Mode der siebziger Jahre schick fanden und begeistert mit alten Jeansjacken und Hemden abzogen, die ich schon lange nicht mehr trug, aber auch nicht weggeworfen hatte, war das ein gutes Gefühl. Vielleicht lerne ich einen anderen Bastler kennen, der sucht, was ich nicht mehr so recht brauchen kann; vielleicht will ich einmal etwas basteln, wozu ich gerade die Reste dieser Campagnolo-Schaltung brauche oder die Röhren aus diesem Radioempfänger.

Indem die meisten Dinge länger leben als wir und eine Bergkristallstufe älter ist als die Menschheit, wecken sie auch ambivalente Gefühle: Wir lieben und bewundern, wir hassen und verachten sie. Diese Ambivalenz empfindet niemand tiefer als der Sammler; kein Wunder, dass ihn von allen Philosophen am meisten Diogenes fesselt, der seinen ledernen Becher fortwarf, als er einen Hirtenjungen aus der Hand trinken sah. Dinge machen abhängig und damit potenziell unglücklich, da ihr Verlust schmerzt.

Das Ansammeln von Dingen konfrontiert den Sammler mit seiner Sterblichkeit ebenso wie mit seiner Größenfantasie, unsterblich zu sein. Alles für alle erdenklichen Eventualitäten aufzuheben ist mehr als sparsamer Umgang mit Ressourcen und der Wunsch, sich nicht ärgern zu müssen, weil ich gerade heute den Satz Schrauben brauche, den ich vor drei Jahren weggeworfen habe, weil er schon zehn Jahre Staub fing.

Um alles Angesammelte irgendwann seiner letzten Bestimmung zuzuführen, bräuchte der Sammler eine unendliche Zeitmenge, zumal er ja zu den Dingen, die er nicht wegwerfen mag, ständig neue hinzuerwirbt.

Menschen singen Preislieder für leere Wohnungen, nackte Wände und Zen-Gärten. Niemand bewundert Gerümpel, Müll und Limbo-Dinge zwischen Vielleichtnocheinmal und Niewieder. Nur wenn er die Birne mit dem französischen Bajonett findet oder einen passenden Griff für die alte Truhe, erlaubt sich der Lumpenerhalter leise zu denken, sogar kurz zu sagen, dass etwas gut ist an seiner Wegschmeißbehinderung.

Stolz erzählt er Geschichten wie die von den handbehauenen Holzbalken, die er einem Sperrmüllfahrer abgeluchst hat: Aus ihnen baute er das Hochbett in seiner Studenten-WG, auf ihnen machte er der Mutter seiner Kinder den Heiratsantrag, nahm sie trotz ihres Protestes mit in das neue Haus in der Vorstadt, wo sie den Keller verstopften, bis endlich die älteste Tochter unbedingt ein Hochbett wollte: Da waren die passenden Balken schon da, für kein Geld der Welt hätte man sie im Baumarkt kaufen können.

Pfusch

Mein erster VW Käfer war ein graues Standardmodell von 1960 mit unsynchronisiertem Getriebe. Einmal wollte ich an der Ampel losfahren. Auskuppeln, Gas – aber das Pedal zeigte keinen Widerstand, der Motor keine Reaktion. Heckklappe auf, Störungssuche. Der Gaszug war dicht am Vergaser gerissen. Ich kaufte nach kurzem Überlegen für ein paar Pfennige eine Lüsterklemme. Werkzeug hatte ich dabei. Mit Hilfe einer Kombizange und eines Schraubendrehers gelang es mir, die zerfransten Enden des Gaszugs in die Öffnungen der Klemme zu stecken und zu befestigen.

Die Lüsterklemme am Vergaser sah lächerlich aus. Bald war wohl ein neues Gasseil fällig. Aber ich konnte es ja immer noch auswechseln lassen. Diesen Käfer habe ich noch vier Jahre gefahren und dann für einen neueren in Zahlung gegeben. Das Gasseil machte nie Probleme. Es hielt so gut wie ein neues.

Als mir ein dicht beim Haus aus der Erde stechendes, wohl von altem Bauschutt stammendes Rundeisen beim Mähen eine Scharte in die Sense machte, legte ich sie beiseite und mühte mich mit Leibeskräften, das Eisen aus der Erde zu reißen. Es gelang nicht. Ich überlegte, mit Pickel und Schaufel wiederzukommen, als der alte Nachbar hinzutrat. Er war ein drahtiger Zyniker, hatte die Kriegsgefangenschaft in Sibirien überlebt und rauchte Stumpen. Einmal hatte er Städtern, die mit einem großen Obstgarten kämpften, den Rat gegeben, ihr Grundstück zu betonieren und grün anzustreichen.

Jetzt zog auch er kurz an dem Eisen, bog dann die Spitze um und begrub sie mit einem kräftigen Tritt in der Erde. Ich konnte fertig mähen. Er verabschiedete sich mit einem Scherz: »Bled derfst scho sei, nur helfa muasst da kenna!« Hochdeutsch heißt das: »Dumm darfst du sein, aber helfen musst du dir können!«

Juden und Zigeuner, denen das zünftige Handwerk versperrt war, verlegten sich auf Reparaturarbeiten, die den Zünften nicht taugten. Diese wollten, ähnlich den Industriebetrieben heute, neue Produkte verkaufen.

Bei den Armen waren die reisenden »Pfuscher« willkommen. Sie arbeiteten mit beträchtlicher Fertigkeit. So trugen sie dazu bei, dass Dinge erhalten blieben und funktionierten. Sie flickten Kochtöpfe aus Kupfer, verzinnten sie, machten Scheren und Messer wieder gebrauchstüchtig und reparierten zerbrochene Tonschüsseln oder Backformen mit kunstvoll geflochtenen Drahtnetzen. Wer altes Gerät sammelt, bewundert nicht selten diese Arbeiten.

Während aus der europäischen Perspektive Pfuscher etwas unfachmännisch machen, was jeder unterrichtete und korrekte Mensch einem Fachmann anvertraut, sind global gesehen die Pfuscher weit in der Überzahl. Wer kann sich zünftige Arbeit leisten? Wer von den zahllosen Männern und Frauen, die in den armen Ländern Schuhe flicken, Autos in Gang halten, Fahrräder oder Radios reparieren, hat sein Handwerk zünftig organisiert und ist in der Kammer gemeldet? Wer hat dem Mann im Basar von Marrakesch beigebracht, aus alten Autoreifen Handtaschen, Eimer, Sandalen und Aschenbecher zu machen? Woher weiß der Junge in Kairo, wie man »Einwegfeuerzeuge« noch einmal und noch einmal füllt?

Wenn etwas kaputtgeht und genug Geld da ist, Ersatz anzuschaffen, halten es in Europa die meisten Menschen für normal, das kaputte Ding wegzuwerfen und ein neues zu kaufen. Es war und ist nicht Einsicht, sondern Armut, welche die bewundernswürdigen Reparatur- und Wiederverwertungsfertigkeiten entfaltete, denen wir in Asien und Afrika begegnen und die wir hierzulande als verschüttete Tradition der Drahtflechter, Kesselflicker, Flickschuster und Störschneider finden und neu beleben könnten.

Es ist für eine Überlebenskultur notwendig, den Pfusch zu schätzen und zwischen einer durchdachten und haltbaren nichtfachmännischen Arbeit und einer zu unterscheiden, die den Schaden vergrößert.

Alte Möbel haben oft mehrere Reparaturversuche hinter sich, von denen manche sogar erhaltenswert sind, andere aber das Überleben des Stücks gefährden. Die Teekanne mit dem zerbrochenen Schnabel, der durch eine kunstvolle Bandage aus Kupferblech ersetzt ist, die Tonschüssel, deren Sprung gekittet und mit einer durch kleine Bohrlöcher geführten Drahtnaht stabilisiert ist, der Tisch mit dem kunstgerecht eingeleimten Bein, die neu verdübelte Armlehne des Sessels sind so gut wie neu.

Wir können den Pfusch einem anarchischen, die fachmännische Arbeit einem hierarchischen Denken zuordnen. Das Übermaß des ersten führt ins Chaos, das Übermaß des zweiten in die Starre. Wer unter der Engstirnigkeit des Autoritären lange genug gelitten hat, begeistert sich für die Anarchie; wem die Anarchie zu chaotisch wird, der ruft nach den Segnungen der Disziplin. In orientalischen Städten können wir diesen Gegensatz sich entfalten lassen.

Im Souk

In ihren Höhlenwerkstätten sitzen Männer vor kargstem Mobiliar: ein Amboss aus einem Stück Autoschrott, ein pedalgetriebener Schleifstein, ein Hackstock, eine Drechselbank mit einer Eisenstange als Auflage und einem mit Schnur lose bespannten Bogen als Antrieb, ein Podest aus Brettern und Nägeln, ein Petroleumkocher. Den Boden bedecken Abfälle: Blechstücke, Lederstreifen, Holzspäne.

Eine mit Plastiktüten schmutzgeschützte, zusammengefaltete Decke ist der Sitz, die Höhlenwand oder ein Haufen Material die Lehne. Oft arbeiten auf drei oder vier Quadratmetern Werkstatt drei Personen. Der Kesselflicker hat ein oder zwei Kupferkeile an langen Eisengriffen in einer kleinen Gasflamme liegen. Dazu braucht er noch eine Blechschere, einen Topf mit Säure, eine Stange

Weichlot. Hinter ihm, neben ihm türmen sich zerbeulte Kannen und Wasserpfeifen. Manche sind aufgeschnitten und zerstückelt; aus ihnen gewinnt er die Materialien für seine Prothesen.

Die Schuhmacher haben eine Tube Kleber, ein schräg angeschliffenes, mit einem Stofffetzen umwickeltes Eisenband als Messer, eine kurze gedrechselte Holzkeule zum Andrücken und Aufklopfen des Leders, einen Hammer und Nägel, einen Schusteramboss (oft nicht einmal den aus Eisenguss, von dem immer zwei Füße den dritten hochhalten, sondern ein aus Abfalleisen geschweißtes krückenähnliches Gerät auf einer Standplatte).

Ob sich die Männer, die in anderen winzigen Höhlen aus alten Autoreifen Eimer und Schalen, ja selbst Aschenbecher machen, aus den Schustern entwickelt haben? Ihre Werkzeuge sind Messer, Ahle, Hammer und Nägel. Eine Blechschere, ein spannenhoher, gerundet ausgehöhlter Klotz und drei unterschiedlich dicke, gerundete Holzhämmer sind die Werkzeuge des Kupferschmieds, mit denen er Waschbecken, Schalen und Tabletts treibt.

Seit Jahren kaufe ich immer, wenn ich in der Türkei bin, hölzerne Löffel. Zunächst fiel es mir schwer, das Material zu erkennen; inzwischen weiß ich, dass der von mir bevorzugte Typ aus Wacholder geschnitzt ist. Diese Löffel sind Handarbeit, jeder sieht anders aus, es gibt sie von Teelöffel- bis Kochlöffelgröße für wenig Geld. Sie sind auf ihre Art perfekt, die Höhlung, der Schwung des Stiels, die Kante sind fein ausgearbeitet, sie halten viele Jahre.

An dem Hang zwischen Großem Basar und Bosporus in Istanbul, wo ein Laden neben dem anderen steht, mischen sich die Welten; Industrieware steht neben der bäuerlichen Heimarbeit und dem klassischen Handwerk. Dort gibt es neben den Wacholderlöffeln auch industriell produzierte aus Buche, die eintönig geformt sind und schon wissen, dass die moderne Hausfrau den Holzlöffel nicht mehr in den Mund, sondern nur noch in den Topf steckt.

Ich habe eine besondere Beziehung zu diesen Esswerkzeugen, seit ich versucht habe, sie nachzuschnitzen. Wer das einmal tat, gewinnt Respekt vor dem bäuerlichen Handwerk. Obwohl ich heute ein leidlicher Löffelschnitzer bin, übertreffen mich die türkischen Bauern bei weitem.

Die Entwicklung der Dinge lässt sich in ein Dreierschema fassen:

1. Alle basteln. Jeder Jäger schnitzt sich Bogen und Pfeile selbst, weiß, wie man Darmsaiten dreht und Jagdgifte macht. Ebenso weiß jede Sammlerin, welche Hölzer für ihren Grabstock, welche Fasern für den Tragekorb geeignet sind. Meisterwissen wird ohne Meister tradiert, jeder ist Meister, jedem ist jede Tätigkeit zugänglich, es gibt keinen Beruf.
2. Die bemerkenswerten, »gut gemachten« Dinge haben einen eindeutigen Meister oder eine Zunft solcher Meister. Dieser beherrscht ihre Herstellung. Wer mit diesen Dingen umgeht, hat mit dem Meister zu tun, kann von ihm alles über die Herstellung und Reparatur dieser Dinge erfahren und so das Wissen des Meisters für sich selbst fruchtbar machen.
3. Die Dinge sind so komplex geworden, dass sie keinen Meister mehr haben, sondern aus einer Organisation kommen, die weder von dem Kunden noch von dem Repräsentanten dieser Organisation durchschaut werden kann. Die Dinge haben Oberflächen, hinter die niemand mehr blicken soll und die allenfalls dem Experten noch etwas sagen. Ebenso hat die Organisation, die sie produziert, eine Oberfläche, welche dem Verkauf der Ware dient, nicht aber dem Verständnis für ihre Störungen.

In der letzten Phase ist es fast unmöglich geworden, von den Dingen zu lernen.

11. Ein sicherer Ort

Wenn eine in globalisierten Strukturen funktionierende Wirtschaft abstürzt, zerfällt sie nicht in funktionierende Untereinheiten. Sobald die Logistikkette reißt, sind die Supermärkte ohne Waren, die Haushalte ohne Strom und Heizung. Eine funktionierende Gemeinde, in der sich die Menschen persönlich kennen und aufeinander verlassen können, wird überlebenswichtig. Es gibt dann keinen Ersatz mehr für das Vernetztsein vor Ort.

Wie viel Sicherheit braucht der Mensch? Offensichtlich neigt er dazu, die Kapazität der Rettungsflöße zu vernachlässigen, solange das Bordorchester spielt und der Kronleuchter funkelt. Wenn Durchschnittsverhalten normal ist, sind jene Personen krank, die heimlich Notvorräte sammeln und ihren Überlebenskoffer packen, während um sie herum noch alles glänzend funktioniert.

Obwohl es sinnvoll ist, einen Notvorrat in seinem Keller anzuhäufen und, wo immer möglich, einen Herd zu installieren, der auch dann noch wärmt, wenn die Energieversorgung zusammenbricht, scheint es mir wichtig, in eine andere Richtung zu denken: Wie können wir unsere Beziehungen zu anderen Menschen und die Verarbeitung eigener Ängste so gestalten, dass die zu erwartende materielle Katastrophe nicht durch eine psychologische verschärft wird?

Wie stark die entsprechenden Ängste auf unser Fantasieleben wirken, zeigen die »schwarzen« Zukunftsfilme, in denen nicht bösartige Außerirdische die Menschheit bedrohen, sondern die Menschen selbst. Seit die moralischen Anforderungen an die Individuen hoch sind und die Aufklärung den Teufel als Ammenmärchen entlarvte, das Priester erzählen, um Macht zu gewinnen, ist das Böse privat geworden; es schlummert in den Tugendhaften. Das zentrale Motiv ist Stevensons Erzählung von Dr. Jekyll und Mr. Hyde – die Verwandlung des Helfers in den Triebtäter durch eine Droge.

In den schwarzen Szenarien hat sich die Konsumgesellschaft gespalten: In den Ruinen des Untergangs werden die wenigen Personen, die sich noch an etwas Gutes erinnern, nachts von grausamen Menschenbestien gejagt, die zu Kannibalen geworden sind und zerfleischen, was nicht so ist wie sie. Die grenzenlose Wut dieser vampirischen Horde spiegelt den Schatten des Lebens in Luxus, Sicherheit und – Raubbau.

Dem klassischen Western näher sind Utopien, in denen Siedler in einer untergegangenen Konsumgesellschaft in Wagenburgen ihre Brunnen und Gärten gegen Stammeskrieger auf Kampfmotorrädern verteidigen. Gemeinsam ist beiden Szenarien, dass die (selbst)zerstörerische Gier den Untergang der Konsumgesellschaft überlebt hat und ein Teil der verbliebenen Menschheit nicht aus der Katastrophe lernt. Der Raubbau aller an der Natur setzt sich im Raub der Starken und Bewaffneten fort, bis an keinem Ort mehr etwas zu holen ist.[35]

Wenn eine in globalisierten Strukturen funktionierende Wirtschaft abstürzt, zerfällt sie nicht in funktionierende Untereinheiten. Sobald die Logistikkette reißt, sind die Supermärkte ohne Waren, die Haushalte ohne Strom und Heizung. Die wenigsten wissen, was los ist; bald sind auch die Akkus der mobilen Kommunikationsmöglichkeiten erschöpft. Eine funktionierende Gemeinde, in der sich die Menschen persönlich kennen und aufeinander verlassen können, wird überlebenswichtig. Es gibt dann keinen Ersatz mehr für das Vernetztsein vor Ort.

Bürokratische Systeme sind weitgehend unfähig, mit solchen Situationen umzugehen. Sie funktionieren entlang von Regeln und Hierarchien; wo diese überfordert sind, können sie notwendige Entscheidungen nur verzögern. Lokale Überlebensgruppen tun sicher gut daran, Vertreter von Polizei, Militär und Verwaltung in ihren Reihen zu haben; sie sollten von diesen aber keine Lösungen erwarten.

Der Notvorrat an Beziehungen zu Nachbarn und nahe wohnenden Freunden ist wohl wichtiger und nützlicher als einige Säcke Bohnen, Zucker und Reis im Keller. Eine Gruppe, die sich auf den Zusammenbruch vorbereitet, ist sehr viel besser geeignet, überraschende Entwicklungen zu verarbeiten und unerwarteten Gefahren zu begegnen.

Wenn beispielsweise die Versorgung mit Nahrung oder Heizmaterial nicht gesichert ist, wird in einer Gesellschaft isolierter Eigentümer wertvolles Land brachliegen, weil dessen Besitzer nicht die Kenntnisse haben, die zum Anbau von Kartoffeln oder Mais nötig sind. In einer Gruppe lassen sich solche Schranken überwinden; wer Arbeitskraft zur Verfügung stellt, hat ebenso ein Anrecht auf Ertrag wie der Grundbesitzer.

Ortsgemeinschaften, die sich schon heute entschließen, sich von jeder Abhängigkeit an die Zuverlässigkeit der Energiebelieferung durch Großkonzerne zu befreien, signalisieren eine Entschlossenheit, die es ihnen sicher erleichtern wird, auch noch andere Probleme zu lösen.

Wie die Hamsterwirtschaft der Nachkriegszeit gezeigt hat, ist es in Situationen des Zusammenbruchs immer leichter, auf dem Land zu überleben als in der Stadt. Und schon damals hatten es jene Städter leichter, ihre Versorgung zu sichern, die Beziehungen zu den bäuerlichen Produzenten nicht erst aufbauen mussten. In den Megamaschinen der Städte, vor allem in den Hochhäusern, in denen es möglich ist, viele Jahre lang ohne Kontakt zu den Nachbarn zu leben, sind die Bewohner extrem darauf angewiesen, dass die Organisationen funktionieren, welche sie mit Energie, Wärme und Wasser versorgen.

Ein Landbewohner wird Kerzen anzünden, den alten Brunnen wieder nutzen, eine Regentonne unter die Dachtraufe stellen oder mit einem Eimer zum Bach gehen, wenn Energie- und Wasserversorgung zusammenbrechen. Ein Städter in Rom oder Istanbul hat vielfach ein Reservoir auf dem Dach, das die vertrauten Aussetzer der örtlichen Wasserversorgung noch für eine Weile überbrückt.

Arm dran sind die bestens organisierten Städte Mitteleuropas und Skandinaviens, in denen nur im Krieg und auch da nur für kurze Zeit die Lichter ausgingen und kein Wasser mehr in die Klospülung strömte. Hier sind nicht nur die Winter kalt, sondern es gibt kaum eine soziale Vorbereitung auf lokale Katastrophen und Zusammenbrüche, wie sie uns in Zukunft drohen. Je unübersichtlicher das Schiff, desto zwangsläufiger das Vertrauen in den Kapitän.

Wer Vorräte anlegt, um sich angesichts eines Zusammenbruchs der Versorgung über Wasser zu halten, stabilisiert erst einmal das bestehende System. Dieses hat sicher nichts gegen einen gesteigerten Absatz von Konserven einzuwenden, vor allem, wenn diese nach dem Verfallsdatum auf den Müll wandern, weil auch menschliche Hamster im Frühling kein Trockengemüse mehr mögen.

Die Medien sprechen heute manchmal von Zukunftsbesorgten, die sich mit Äckern und Wäldern eindecken, weil sie der Geldstabilität misstrauen, oder von findigen Unternehmern, die Notrationen vermarkten. Der Berater in der Bank rät dem Kunden vom Gold als sichere Anlage ab. Wenn irgendwann alle ihr Gold wieder verkaufen wollen, sinken die Preise wieder; wenn die Wirtschaft abstürzt, weiß niemand, was es dann überhaupt noch zu kaufen gibt. Gold werden wir nicht essen können. Werden wir Schwarzmärkte haben? Wieder Essensmarken für Mehl und Fett? Verteilung mit einer Chipkarte?

Erdbeben und Wirbelstürme erzeugen schnelle Katastrophen, wirtschaftliche Zusammenbrüche schleichende. Der Staat druckt Geld, um seine Beamten zu bezahlen; eine Inflation raubt den Bürgern ihr Erspartes und entlastet den Staat von angesammelten Schulden.

Der Konsumismus nützt die in jedem Menschen schlummernde Bereitschaft zur symbiotischen Regression. Die frühe Kindheit, in der sich das Baby als Teil der Mutter erlebt und dieser zutraut, ihm alles zu geben, bleibt als Sehnsucht bewahrt, mit einem mächtigen Objekt zu verschmelzen. Das kann der Star sein, das bewunderte Idol, der politische Führer oder auch mein Auto, mein Boot, mein Haus.

Die symbiotische Besitznahme greift nach den Beziehungen: meine Frau, mein Mann, mein Kind! Zum Verhängnis wird sie, wenn die Einsicht nicht mehr abgewiesen kann, dass die Verschmelzung nicht gelingt, das Eigentum sperriges Eigenleben entfaltet. Dann wird die Frau zur Hexe, der Mann zum Teufel, das Kind enterbt.

Die Verführungskraft dieser Symbiosen hat sich in der Entwicklung zur Konsumgesellschaft als stärker erwiesen als alle Modelle einer kollektiven Nutzung von Ressourcen. Rational leuchtet der wirtschaftliche Unsinn von Gütern ein, die nur an wenigen Tagen eines Monats genutzt werden, die aber jeder Konsumbürger besitzen »muss«. Die Projekte, solche Güter zu teilen, sie gemeinsam zu nutzen, haben sich wenig durchgesetzt: Weder den Hippie-Siedlungen in den USA noch den Kibbuzim in Israel gelang es, diese Alternative überzeugend zu vermitteln, noch viel weniger dem Staatssozialismus, dessen Funktionäre Wasser predigten, aber Wein tranken.

Modelle einer wirtschaftlichen Einheit, die größer und durchsetzungsfähiger ist als eine Familie, sind angesichts der kommenden Krisen höchst aktuell. Sie haben sich überall dort bewährt, wo Pionieraufgaben zu bewältigen sind – die Gründungen der Siedler im Westen der USA sind Beispiele dafür, wie aus durchorganisierten Gesellschaften wieder überschaubare Einheiten werden können, die durch intensive Hilfe unter Nachbarn dem Überleben ihrer Mitglieder dienen.

Der Verlust des Luxus-Kokons

Der Mensch ist durch das persönliche Eigentum verführbar. Aber diese Tendenz ist nicht genetisch programmiert, sie wird gesellschaftlich geschaffen, ebenso wie ihr Gegenteil, die gemeinschaftliche Nutzung von Ressourcen. Diese kulturellen Prägungen entstehen entlang einer Polarisierung von Ängsten: Im Fall des persönlichen Eigentums wird die Angst aufgebaut, dass andere mir das Meinige wegnehmen, im anderen die Angst, die Gemeinschaft durch den Eigennutz zu beeinträchtigen.

Nun kennt fast jeder den Spruch »Gemeinnutz geht vor Eigennutz«, er war in den Rand deutscher Münzen geprägt.[36] Als dieser Spruch entstand, war der Kapitalismus längst geschaffen und der Konsumismus mit ihm. Die Gesetze achteten gerade *nicht* auf den Gemeinnutz, der in einer Erhaltung der natürlichen Regenerationskräfte liegt. Sie verteilten den Kadaver einer in den Schlachthof bestellten Natur.

In der zum Raubbau hochgezüchteten Konsumgesellschaft von heute müssen die Ängste vor dem Verlust des Luxus-Kokons bei uns allen allmählich abgebaut und umgekehrt die Ängste vor einer weiteren Beeinträchtigung der natürlichen Kreisläufe wieder in ihre Macht eingesetzt werden. Das ist sicher nicht leicht, aber es ist auch nicht unmöglich. Die psychologische Praxis lehrt, dass die Angstwelt eines Menschen neu strukturiert werden kann, wenn ein Patient beispielsweise eine Phobie verliert, die ihn bisher gehindert hat, eine Prüfung zu bestehen oder eine sexuelle Beziehung aufzunehmen.

Alle Menschen suchen und brauchen einen sicheren Ort. Was sie als solchen erleben, hängt von der Struktur ihrer Ängste ab. Diese entsteht durch die Regulation der schnellen Affekte während der seelischen Reife. Wer ein Kind in die Welt der Erwachsenen begleitet, erfährt viel über den Weg von einfachen, schnellen Affekten zu komplexen Strukturen und Ritualen.

Das Neugeborene signalisiert nicht nur Unlust und Mangel, verwandelt sie nicht nur in Appelle, die seinem Überleben dienen, es übt auch alle Muskeln und Nerven. Dabei sendet es eine chaotische Fülle von Signalen, welche durch die Spiegelung und die Identifizierungsangebote der Mutter allmählich differenziert und in Kommunikationen umgewandelt werden.

Sobald sich das Kind bewegen kann, dringt es in die Umwelt ein und ergänzt die Aktivitäten, die bisher der Verständigung mit der Mutter dienten, durch den Hunger nach Beute, der anfangs noch stark auf die Differenzierung durch die Mutter angewiesen ist. Es steckt beispielsweise alles in den Mund, was klein genug ist, und probiert, wie sich das anfühlt. Durch die Reaktionen der Mutter auf diese Beutesuche kommt die erste Spaltung in das Leben des Kindes.

Die *anale Phase*, die Freud 1902 beschrieb, ist mehr als eine Phase der Libidoentwicklung. Es geht um die Interaktion mit den Normen der Gesellschaft, an denen sich die Eltern orientieren. Das Kind lernt, was Beute ist und was Abfall, was es in den Mund stecken soll und was es wegwerfen, fallen lassen, wovon es sich säubern muss.

Soziales Lernen beruht auf Identifizierung; sekundär wird dann nachgebessert durch »Erziehung«: Es wird an die Gültigkeit des Vorbildes gemahnt, mit dem die Identifizierung stattfinden soll (»Einsicht«), es wird Lust versprochen oder Schmerz angekündigt. Zuckerbrot wie Peitsche appellieren an die Angst, entweder eine Belohnung nicht zu bekommen oder Schmerz ertragen zu müssen.

Was Freud die »phallische Phase« genannt hat – die Eroberung der Umwelt –, beginnt viel früher, bereits in der oral-kaptativen Phase, und bleibt potenziell ein Leben lang erhalten. Es geht hier um die *Suche* nach Beute, ihren *Gewinn* in der Konkurrenz mit anderen und das *Festhalten* an ihr. Goethe (*Faust* II) beschreibt die »Drei Gewaltigen«: Raufebold, Habebald, Haltefest. Die Beute ist der Sexualpartner, der Freund, sind Waffe und Nahrung, vor allem aber und in seiner Bedeutung unterschätzt der *sichere Ort*.

Der sichere Ort ist nicht nur die Höhle, die Laubhütte, das Iglu. Es ist vor allem das *Ritual*, die Zeremonie, ein festgelegter Ablauf von Bewegungen, Gesängen, Verrichtungen mit »kraftvollen« Gegenständen. Die Teilnahme an diesem Ritual bindet Ängste.

In der Konsumgesellschaft verschachteln sich Rituale. Der Jugendliche spielt *World of Warcraft* vor dem Bildschirm seines PC mit dem Taschengeld, das er von seinen Eltern bekommt; er lebt in der modernen Zivilisation und daneben in einer Welt mit Drachen und Rittern, archaischem Kampf, Flucht, Zauberei und dem Gewinn von Beute.

Der Angestellte in der Großstadt sucht Sicherheit, indem er die beruflichen Rituale, für die er bezahlt wird, möglichst gut macht. In seiner Freizeit, auf Partnersuche, bleibt er an Plätzen, die sich gut anfühlen, und meidet solche, die sich nicht gut anfühlen; wer solche Vibes (Slang für Vibrations, Schwingungen) genauer analysiert, entdeckt auch, dass die Eignung eines Ortes bzw. einer Menschenansammlung geprüft wird, Ängste zu binden.

»Schlechte« Schwingungen machen Angst, »gute« beruhigen und vermitteln ein Gefühl der Sicherheit. Konkurrenzlos intensiv sind die Gefühle der Geborgenheit und Dynamik in einer Gruppe, die einen gemeinsamen Feind bekämpft.

Der sichere Ort baut sich in unserem Erleben dadurch auf, dass sich *Erwartungen erfüllen*. Schützende Arme, wenn Ängste übermächtig sind, eine Mutter, die Milch hat und bereitwillig die Brust anbietet, das sind vielleicht die ersten Ansätze zu Ritualen: Erwartetes geschieht, Angst weicht der Sicherheit, Hungerschmerz der Sättigung. Gleichzeitig entwickelt sich im Menschen eine mächtige Gegenströmung. Nur die gewünschte, aus einem Mangel an ihr gesuchte Sicherheit lässt das Ritual des sicheren Ortes gedeihen. Zu lange an diesem sicheren Ort festgehalten zu sein weckt ebenfalls Ängste. Sie betreffen den Verlust der Autonomie. Das »Ich« fürchtet sich nun, verschlungen zu werden, aufgelöst, getötet, zurück ins Konturlose geworfen.

Die menschlichen Ängste gewinnen eine neue Struktur, wenn das Kind nicht mehr von freien Räumen umgeben ist, die es erobern kann, wie das in einer Jägerkultur viel mehr der Fall ist als in einer agrarischen, geschweige denn in einer Zivilisation. Diese Situation verstärkt die Spaltungen und die Grenzen, denen das Kind unterworfen ist. Was es findet, ist nicht mehr einfach Beute. Das Eigene muss durch eine Grenze vom Nichteigenen separiert werden, die emotionalen Wächter an diesen Grenzen sind Ängste.

Die Bienen, welche ihren Honig bewachen, sind für den Jäger Hindernis, nicht Feinde. Wenn er ihnen ihren Vorrat raubt, muss er nicht fürchten, dass sie in seinen sicheren Ort eindringen und ihm Gleiches antun. Solche Beispiele zeigen, wie Ängste zunehmen, wenn seit dem Neolithikum die menschlichen Gruppen nicht mehr vor allem durch den Hunger motiviert sind, sich die Weite der Wälder und Steppen zu erschließen, sondern durch Angst, entweder nicht genügend Vorräte an Getreide oder Vieh anzusammeln oder einem Feind zu begegnen, der diese Vorräte wegnimmt, die wehrhaften Männer tötet, Frauen und Kinder als Sklaven hinwegführt.

Der sichere Ort in den arbeitsteiligen, hierarchischen Gesellschaften verliert die einfache Grenze zur freien Wildnis, wie ihn die Höhle oder das Schlafnest in der Astgabel haben. Er wird zur Position in einer Rangordnung und in einer Werteskala zwischen anderen Menschen. Der Schüler beruhigt sich dadurch, dass er sein Klassenziel erreichen, in die nächste Klasse aufrücken wird. Er atmet auf, wenn seine Noten mindestens ausreichend sind. Alles, was *besser* ist als ausreichend, schafft ein Polster, das Ängste bindet. Den Schüler, der nur mit Einsen zufrieden ist, plagt in der Regel eine sehr viel höhere Angstbereitschaft als den, der zufrieden ist, wenn er den Abstand zum Versagen halten kann.

Ähnlich gewinnt der Soldat dadurch Sicherheit, dass er entweder von einem Rang zum nächsten aufsteigt oder aber die Werte des Gefreiten, des Leutnants so gut erfüllt, dass er sich im Vergleich mit anderen Soldaten dieser Ränge sicher fühlen kann. Während die Ängste des Jägers, der in der Dämmerung den Löwen brüllen hört und keinen sicheren Platz findet, für jeden anderen Jäger einfühlbar sind, verstehen die Ängste des Schülers oder des Soldaten nur andere Schüler, andere Soldaten. In der arbeitsteiligen Gesellschaft wird die Angst aus einem allgemeinen, für alle gleich verständlichen Affekt zu einem Geheimnis.

Die Qualität und Ausdauer der primären Objekte im Umgang mit dem Neugeborenen prägt dessen Fähigkeit, mit Angst und Aggression umzugehen. Vernachlässigte, großen Verwirrungen ausgesetzte Kinder, die von kranken oder drogenabhängigen Eltern alleingelassen, misshandelt, geprügelt, sexuell missbraucht wurden, fallen später dadurch auf, dass sie ihre Impulse zu Flucht oder Kampf nicht steuern können. Sie fliehen vor Leistungsforderungen, schwänzen die Schule, kommen nach der ersten Kränkung nicht mehr an den Arbeitsplatz. Sie verstricken sich in Prügeleien, weil sie keinen abschätzigen Blick ertragen.

Eine naive Erwartung lässt uns hoffen, dass Kinder, die vernachlässigt und traumatisiert wurden, als Erwachsene versuchen werden, anderen das Leid zu ersparen, das sie nur zu gut kennen. Diese Entwicklung ist möglich, aber keineswegs die Regel. Denn wer einem übermächtigen Sadisten ausgeliefert ist, greift nur zu gern nach dessen Stärke und identifiziert sich mit ihr. So wird er selbst zum Sadisten. Es ist dies eine der vielen Formen jener manischen Abwehr, die in der Konsumgesellschaft das Bild seelischer Normalität prägt. Nur den Zusammenbruch dieser manischen Abwehr – die Depression – finden wir krankhaft.

Wem das übertrieben scheint, muss nur ein wenig verfolgen, wie heftig Personen angegriffen werden, welche diese manische Abwehr in Frage stellen. Ob es um die aberwitzige Hoffnung geht, durch Truppen Bürgerkriege zu befrieden, um die Kritik am Wachstumswahn oder um Skepsis gegenüber den Möglichkeiten, die klassische Altersrente aufrechtzuerhalten – wer unangenehme Botschaften überbringt, wird beschimpft und entwertet. Wer die

Wahrheit sagt, redet die manische Zuversicht schlecht, dass die Wirtschaft wachsen, die Renten sicher sein werden und es dadurch gelingen wird, die angehäuften Schulden zurückzuzahlen.

Wer die menschliche Geschichte betrachtet und die Fähigkeit zum Erstaunen nicht unterdrückt, bleibt von der Entwicklung gesellschaftlicher Strukturen beeindruckt. Das Menschenkind wird in sie hineingeboren und erlernt den Umgang mit ihnen nach demselben Muster von Angst, Neugier und Aggression, das sich schon im Umgang mit der natürlichen Umgebung bewährt hat. Die Neugier ist der expandierende Entwurf des Ich im inneren (denkenden) und äußeren Handeln; Angst und Aggression unterstützen die Wünsche, Beute zu machen, ohne selbst Beute zu werden.

Sobald das unreife und beeindruckbare Kind nicht mehr überwiegend den Naturkräften, sondern der Erziehung für von Menschen geschaffene Notwendigkeiten ausgeliefert ist, verändert sich seine emotionale Struktur und gibt diese Veränderungen an die nächsten Generationen weiter. Jetzt noch von einer *menschlichen Natur* zu sprechen gewinnt träumerische, nostalgische Qualitäten. Unsinnig oder gar böse ist es deshalb nicht.

Der wichtigste sichere Ort für den Menschen ist ein Liebesobjekt – für das Kind die Mutter oder der Vater, für den Jugendlichen die Freunde in der Clique, für den Erwachsenen der Sexualpartner. Die Fähigkeit, das Geschenk der Angstfreiheit von einem Liebesobjekt entgegenzunehmen, ist die Grundlage eines stabilen Gefühls von Sicherheit, von Selbstvertrauen oder Selbstgefühl.

Es scheint zum Lebensgefühl der reichen Konsumgesellschaften zu werden, dass sich Neugier und Beutehunger gewissermaßen verschlucken. Es steckt schon so viel im Hals und damit im Weg. Es gibt nicht den klaren Weg aus der Leere, sondern Gefühle der Verstopfung, der falschen Fülle, der Entscheidungsnot – ist das, was ich *aufgeben* müsste, um etwas anderes zu *haben*, nicht in Wahrheit *besser*? Wir ahnen, wie sehr Besitz den Menschen beschwert und doch auch fasziniert, weil er dem sicheren Ort eine neue Festigkeit gibt: *mein* Land, *meine* Burg, *mein* Vieh, *mein* Kornspeicher, *mein* Mann, *meine* Frau, *meine* Kinder. Indem wir sie haben, fesseln sie uns. Wir können nicht mehr leer hinausziehen und uns an allem erfreuen, was wir finden.

Depressive erleben sich in ihrem bisherigen Leben eingeschlossen wie in zähem Schleim – sie können darin nicht mehr atmen und fühlen sich doch zu kraftlos, sich ein anderes anzueignen. Die häufigsten Auslöser einer Depression sind *Verluste von sicheren Orten* – eines vertrauten Menschen, des Arbeitsplatzes, der bisherigen Umgebung nach einem Umzug – oder aber auch der Sicherheit des eigenen Körpergefühls bei einer Erkrankung, einem Unfall.

Die menschliche Depression borgt sich ihre schmerzlichen Qualitäten von einer lähmenden Angst, die ganz anders ist als die Realangst, welche uns angesichts möglicher Gefahren in Alarmbereitschaft versetzt. Die depressiven Ängste nehmen die peinlichen Gewissheiten vorweg, dass das Leben ein Umweg zum Tod ist, dass Schmerz und Behinderung unseren Organismus bedrohen und dieser irgendwann solchen Feinden nicht mehr genügend Widerstand leisten wird. Wir bezahlen mit Depressionsgefahren für die Privilegien der Einsicht, der Reflexion, der Möglichkeit, Beschädigungen unseres Lebens vorauszusehen und Maßnahmen gegen diese zu treffen.

Der sichere Ort ist gut genug, er ist nie perfekt. Wer Perfektion von ihm fordert und ihn auf diese Qualität hin untersucht, macht ihn zu einem unsicheren Ort. Er vertreibt sich durch Paradiessehnsucht aus einer trivialen Oase, die dem von Hunger und Durst getriebenen Wanderer wie ein Paradies erscheint.

Depressive sind unfähig, sich zu freuen, Schönes zu genießen, etwas Gutes an sich selbst, an anderen, am Leben schlechthin zu finden. Das hängt mit dem Auftrag an das durch die Kränkung geängstigte und fluchtbereite Ich zusammen, einen sicheren Ort zu finden. Ehe dieser nicht gefunden ist, ist jeder Genuss verboten, das Leben wird zur Qual, deren Ende nicht vorstellbar ist.

Die komplexen Überforderungen der Kränkungsverarbeitung in der Konsumgesellschaft werden verständlicher, wenn wir uns klarmachen, dass die schnellen Affekte von Angst, Wut und Ekel während unserer langen und von intensiver genetischer Auslese geprägten Entwicklungsphase als Jäger und Sammler nervös verankert wurden.

In der Altsteinzeit entschied es sich meist schnell, ob ein Jäger Beute machte oder Beute wurde. Konflikte zwischen Erwachsenen, sicher schon damals eine sehr viel wichtigere Angstquelle als die Gefahren der Steppe, wurden nach den ethnografischen Berichten fast durchweg durch räumliche Trennung gelöst. Es gab kaum etwas von den Nöten, welche Eigentum schafft, und keine der Verpflichtungen, die in Arbeitsverhältnissen entstehen. Kein Krieger musste einem Anführer folgen, wenn er die Lust verloren hatte zu kämpfen.

Der sichere Ort ist immer die vertraute Umgebung, in der ich mich gerade aufhalte. Unser Bedürfnis, das Bild dieses sicheren Ortes in unserem Erleben vor Störungen zu schützen, ist immens. Menschen bleiben, wie die Katastrophe der *Medusa* lehrt, gerne viel zu lange im Vertrauten, auch wenn deutlich ist, dass es unweigerlich zerfällt.

Wenn aber erst einmal Menschen entschieden haben, den gegenwärtigen sicheren Ort aufzugeben, kann die Fluchtgeste zum neuen sicheren Ort werden, den alle gleichzeitig erreichen wollen. Aus einem Bedürfnis, auf gar keinen Fall *zurückzubleiben*, speist sich die brutale Dynamik der Massen, welche Menschen zerquetschen. Wir haben das auf der Loveparade in Duisburg gesehen. In ihrer Mitte, unter ihren Füßen sterben Dutzende, manchmal Hunderte – und ihr Ziel ist doch »nur«, einen sicheren Ort zu finden. Die primitiven Affekte von Flucht und Kampf sind insofern verschwistert, weil blinde Angst den Menschen nicht weniger rücksichtslos macht als blinde Wut.

12. Die Vorbereitung auf die Gefahr

> Jede Rede von Askese oder Konsumverzicht kommt der gängigen Konsumdummheit viel zu weit entgegen. Es geht nicht darum, sich einzuschränken und zu darben, sondern *beweglich* zu bleiben, frei, fähig, sich um das Wesentliche zu kümmern und nicht mit Sorgen über einen Mangel an Unwesentlichem zu belasten.

Eines der beliebtesten Katastrophenszenarien der Filmindustrie ist der Asteroid, der auf die Erde zurast. Der Feind aus dem All erspart uns jeden Gedanken daran, dass die ärgsten Feinde der Menschheit die Menschen sind. Der militärisch-industrielle Komplex versorgt auch noch die ärmsten Länder mit den Werkzeugen einer Unterdrückung der Armen durch die Reichen. Hochgerüstete Militärs zum Nachdenken über ökologische Gefahren zu bewegen scheint so aussichtsreich, wie den Vergewaltiger mitten im Akt davon zu überzeugen, dass ihm Empathie mangelt.

Wenn heute Naturereignisse zu verheerenden und immens teuren Risiken werden, ist das ein Problem, das wir selbst erzeugt haben. Es führt nicht sehr weit, so zu tun, als läge beispielsweise eine Überschwemmungskatastrophe nur an einem bisher noch nie da gewesenen Pegelstand. Es ist kurzsichtig zu behaupten, beseitigt werde diese Gefahr durch höhere Dämme.

Angesichts der jüngsten Hochwasserkatastrophen erinnere ich mich an eine Geschichte, die eine Freundin von ihren Urgroßeltern erzählt hat. Diese waren Fährleute am Lech mit einer kleinen Landwirtschaft. Jeden Frühsommer, wenn das Schmelzwasser aus den Bergen und ein Dauerregen zusammenkamen, wurde ihr Haus am

Flussufer überschwemmt. Sie hätten weiter oben bauen können, in sicherem Abstand vom Ufer – aber dann wäre es unmöglich geworden, das »Hol über« vom anderen Ufer zu hören.

Die Überschwemmungen gehörten zum Leben am Fluss. Die Fährleute trugen die Möbel in den ersten Stock, hängten Fenster und Türen aus, damit das Wasser möglichst wenig Schaden anrichtete, und tünchten nachher die Räume im Erdgeschoss wieder mit Kalkmilch.

Die Maschinerie unseres Lebens und Verbrauchens zwingt uns die Illusion geradezu auf, unsere Umwelt habe nichts anderes mit uns vor, als uns mit Regen und Wind in so dosierter Form zu versorgen, dass sich die kostbaren Maschinen wohl fühlen, die für Komfort sorgen. Erst durch diese Maschinen und ihre Folgelasten wird die Überschwemmung zur Katastrophe.

In der Kette unserer Bequemlichkeiten darf kein Glied reißen. Der Fährmann in seiner Hütte am Fluss macht sich keine Sorgen, dass der Strom ausfällt oder kein Wasser mehr aus dem Hahn rinnt. Wenn das Wasser eindringt, zerstört es keine Gefriertruhe und keine Zentralheizung samt elektronischer Steuerung. Es macht höchstens die Kartoffeln nass. Und es ist nur Wasser, das Schlamm mitbringt, keine von Heizöl und Chemieabfällen vergiftete Brühe. Kurzum: Wer aus dem Komforthimmel stürzt, fällt in eine Hölle, die der Arme in seiner Hütte nicht kennt.

Das sind Binsenweisheiten. Die wirkliche Überraschung liegt darin, dass wir in einer Zeit, in der wir so viel genauer planen können, in der unser Wissen über die Natur und ihre Unberechenbarkeit durch Risiko- und Chaosforschung reicher ist als je zuvor, nach Kräften dafür sorgen, uns neuen Risiken auszusetzen und die alten Risiken zu verschärfen.

Es würde nur einen geringen Mehraufwand bedeuten, einen Haushalt gegen Zusammenbrüche der Versorgung zu wappnen, Möglichkeiten vorzusehen, sauberes Trinkwasser zu gewinnen, eine Notversorgung mit Licht und Wärme zu organisieren, ein Badezimmer zu konstruieren, das eine Weile netzunabhängig funktioniert.

Die Menschen wollen das nicht. Die Ingenieure könnten es konstruieren, die Wirtschaft würde uns damit versorgen. Aber wir müssten unseren Aberglauben an die gute Mutter Natur (der in Wahrheit eine Illusion über die betrügerische Mutter Konsum ist) aufgeben. Wir müssten uns klarmachen, dass wir Gäste, nicht Herren der Natur sind. Aber unsere manischen Fixierungen lassen das nicht zu. Es wird eine Welt konstruiert, die keinen Schatten hat. Was nicht in das erwünschte Bild passt, wird abgespalten, voller guter Hoffnung, dass es sich niemals bemerkbar machen wird. In jedem alten Krankenhaus gab es ein Sterbezimmer; ich kenne hypermoderne Behandlungszentren, in denen der Platz für den Tod schlichtweg fehlt. In unserem Herzzentrum wird nicht gestorben! Patienten werden dann flink verlegt oder in ihren Betten auf den Gang geschoben.

Wer im Frühling an dem sonnigen Berghang baut, kann das Kopfschütteln der Großmutter des Bauern ignorieren, der das Grundstück verkauft hat. Er denkt nicht an die Lawinen, die alle 20 Jahre niedergehen, wenn es nach einigen allzu warmen Dezembertagen heftig schneit. Wer das Hotel im Hochwassergebiet renoviert und eine Klimakammer im Keller installiert, damit die Tischblumen für die Gäste schön frisch bleiben, der denkt nicht daran, dass der stille Fluss, in dem sich die Brücken spiegeln, auch ganz anders strömen kann.

Begehrte Wohnlagen haben eben einen »Blick«, nah am Wasser, steil im Hang, hoch auf dem Berg. Die alten Häuser suchten Schutz, die neuen juckt es nach den Schönheiten der Natur.

Auch wenn die absolute Zahl der Naturkatastrophen nicht zugenommen hat (was angesichts des Klimawandels umstritten ist), wiegen ihre Folgen in der extrem verwundbaren Industriegesellschaft schwerer. Am eindrücklichsten haben das die Folgeschäden gezeigt, nachdem durch ein Erdbeben und die von ihm ausgelöste

Springflut fünf Atomreaktoren in Japan ihre Meiler und Abklingbecken nicht mehr kühlen konnten. Der angerichtete Schaden übertrifft die Folgen eines Erdbebens im japanischen Kobe von 1995 beträchtlich. Damals platzten »nur« die Erdgasleitungen; Brände verheerten die Stadt.

Besonders verwundbar ist die Konsumgesellschaft durch Stromausfälle: Nicht nur die Kühlung der Atomkraftwerke wird prekär. In den Krankenhäusern kann nicht operiert werden, die Patienten auf den Intensivstationen und die auf Dialyse angewiesenen Kranken sterben, in den Arztpraxen funktionieren Röntgen- und Ultraschallgeräte nicht mehr.

Ähnlich problematisch ist die Versorgung an den Tankstellen; nur die wenigsten haben Notstromaggregate. Wie irritierbar die Risikokommunikation ist, hat der Hurrikan Katrina in New Orleans gezeigt: Nachdem die Überschwemmung das Telefon-Festnetz lahmgelegt hatte, brachen auch die mobilen Netze durch Überlastung und Ausfälle zusammen. In solchen Situationen ist keine Notfallversorgung mehr möglich: Die Helfer wissen nicht, wohin, die Bedürftigen haben keine Möglichkeit, Feuerwehr oder Notarzt zu erreichen.

In Berlin arbeitet ein »Zukunftsforum öffentliche Sicherheit«, das im Internet Dossiers mit diesen Szenarien zum Download anbietet und in aller Offenheit sagt, dass der Staat überlastet ist, seine Bürger zu schützen. Wie kläglich entsprechende Initiativen scheitern, zeigte sich schon 1961, als das Bundesernährungsministerium Privathaushalte zum Anlegen eines Notvorrats bewegen wollte. Jeder Haushalt wurde aufgerufen, einen Vorrat anzulegen, mit dem er 14 Tage lang ohne Versorgung von außen seine Mitglieder ernähren könnte. Diese Reserve sollte die Zeit bis zum Aufbau einer Rationierung von Lebensmitteln überbrücken.

Trotz eines erheblichen Werbeaufwands, der einige Millionen verschlang, verklangen die Eichhörnchen-Aufrufe (»Denke dran, schaff Vorrat an«) ohne Echo in der Bevölkerung. 1964 hatten nur

2 bis 3 Prozent der Haushalte Vorräte, die den Vorgaben entsprachen. Konserven sollten mit Nummern versehen und ihnen entsprechend erneuert werden.

In der Öffentlichkeit wurden Kosten und Aufwand der Lagerhaltung kritisiert; niemand wollte in regelmäßigen Abständen die vorgeschriebenen Konserven essen und neue anschaffen.

Die aufgedruckte Mindesthaltbarkeit einer normalen Konserve sagt mehr über die Ängste in der Konsumgesellschaft[37] als über die Realität. Was zwei Jahre hält, hält in der Regel auch 20 Jahre, solange es kühl gelagert wird und die Dose kein Loch hat. Wenn die Behälter eingedoster Lebensmittel nicht durchgerostet sind oder sich aufwölben, kann man den Inhalt essen. Es gibt einen Bericht über einen britischen Soldaten, der zum Hochzeitstag ein eingedostes Huhn bekam. Er stellte es in seinen Küchenschrank und nahm sich vor, es zur Goldenen Hochzeit zu verspeisen. Das geschah dann 50 Jahre später. Es habe ihm geschmeckt, sei aber etwas salzig gewesen.

Es ist eine Binsenweisheit, dass man Gold nicht essen kann. Sie schränkt das Sicherheitsempfinden derer ein, die angesichts des drohenden Zusammenbruchs der Schuldenwirtschaft ihre Ersparnisse in Münzen und Barren investieren. Origineller als diese Lösung ist auf jeden Fall die Regionalwährung in der amerikanischen Kleinstadt Willits, die lebensmittelgedeckt ist.

Für in *Mendo Credits* eingetauschte Dollar werden haltbare Lebensmittel wie Reis, Getreide und Bohnen aus lokalen Betrieben eingelagert. Jeder Credit ist durch eine garantierte Menge an Lebensmitteln gedeckt, gegen die der Schein jederzeit eingetauscht werden kann.[38]

Dieses eigentlich auf die 5000 Einwohner von Willits beschränkte Experiment wird wegen der großen Nachfrage schon auf die umliegenden Dörfer ausgeweitet. Auch wenn das System seine praktischen Grenzen hat, zeigt es doch, wie das Vertrauen in die offiziellen Währungen beschaffen ist.[39]

Regionalwährungen und Tauschringe befreien die Eichhörnchen-Aktionen von der Illusion, dass die Krisen des Konsumismus auf Kellerregalen gelöst werden können. Ein ebenso wichtiges Thema für lokale Netzwerke ist der Kollaps der Energieversorgung.

Im Jahr 2000 wurde das Forschungsprojekt »Das Bioenergiedorf – Voraussetzungen und Folgen einer eigenständigen Wärme- und Stromversorgung durch Biomasse für Landwirtschaft, Ökologie und Lebenskultur im ländlichen Raum« vom IZNE (Interdisziplinäres Zentrum für Nachhaltige Entwicklung) der Uni Göttingen durchgesetzt. Die Forscher suchten ein Dorf im Landkreis Göttingen, das zu ihrem Projekt passte, und identifizierten aus 17 Dörfern Jühnde als »das Bioenergiedorf«.

Die Gemeinde konnte von dem Ziel überzeugt werden, ihren kompletten Energiebedarf durch Methan zu decken. Das Projekt wurde nach einer mehrjährigen Vorbereitungszeit 2005 umgesetzt. Die meisten Dorfbewohner halfen mit. Der größte Teil der Energie wurde als Biomasse von den umliegenden Äckern sowie aus Gülle gewonnen und in Biogas umgewandelt. Die Anlage verbraucht nun täglich 32 Tonnen Silage und 29 Kubikmeter Gülle.

Das Biogas wird in ein Blockheizkraftwerk geleitet, das die örtlichen Haushalte mit Strom und Wärme versorgt. Im Winter reicht diese Abwärme nicht ganz für die Versorgung der angeschlossenen Haushalte; deswegen gibt es ein Holzschnitzel-Heizwerk, welches im Notfall mit Holz aus der Umgebung gespeist wird und das Wasser des Nahwärmesystems zusätzlich erwärmt.

Jühnde produziert mit etwa 4 Millionen kWh pro Jahr doppelt so viel Strom, wie es selbst verbraucht. Der Rest wird für 17 Cent pro Kilowattstunde ins Netz eingespeist. So verdient die Betreiber-Genossenschaft jährlich über 600 000 Euro. Der durchschnittliche Haushalt in Jühnde spart circa 750 Euro pro Jahr.

Die Bewohner von Jühnde sind privilegiert, aber ihr Privileg ließe sich auf viele andere Orte übertragen. Sie brauchen sich in einem gewissen Rahmen über Energiepreiserhöhungen keine Sorgen zu machen. Wenn sie die Landmaschinen, welche die Biomasse produzieren, auf Elektrobetrieb umstellen, sind sie sogar komplett autark. Was zur Erzeugung von Energie nötig ist, kommt aus der Region. Die Preise sind, anders als die der Konzerne, nachvollziehbar.

Modellprojekte belegen Glanz und Elend des Konsumismus: Sie sind etwas Besonderes. Aus Japan, China, den USA reisen Besucher nach Jühnde, die sich für diese Form der Energieversorgung interessieren. Dass es darum geht, solche Lösungen *normal* zu finden und die internationalen Energiekonzerne als *Störung* der Normalität zu erkennen, gerät aus dem Blick.

Offene Werkstätten, interkulturelle Gärten

Seit den 1980er Jahren fördert eine von Jens Mittelsten Scheid gegründete Stiftung Initiativen, die in ganz unterschiedlichen Formen soziale Modelle des Postkonsumismus erarbeiten. Eine für die Bastelkultur förderliche Idee dieser Stiftung sind die inzwischen an vielen Orten[40] realisierten offenen Werkstätten, in denen Städter ohne eigene Garage (und ohne Lust, alleine zu werkeln) sich zusammenschließen, Reparaturen durchführen oder auch Gebrauchsgegenstände herstellen.

Parallel dazu versucht ein Stiftungsverbund interkulturelle Gärten aufzubauen, in denen Migranten und Ortsansässige auf städtischen Brachen Gemüse und Obst anbauen. Selbst gemachte Möbel, selbst gezogene Nahrung – beides nicht als Produktionsweise konkurrenzfähig, aber als Übung unentbehrlich.

Die offenen Werkstätten sind als Mehrgenerationenräume angelegt und interprofessionell aufgebaut: Hier treffen sich pensionierte Handwerksmeister und Anfänger. Jugendliche und Rentner lernen voneinander. Berater unterstützen in der Handhabung größerer Maschinen, für die Sicherheitsvorschriften gelten. Eine wichtige Funktion ist auch die Zusammenarbeit mit lokalen Gruppen und Einrichtungen, etwa Schulen und Volkshochschulen, um sich im Stadtviertel zu vernetzen. Kunsthandwerker können Basare organisieren, um ihre Produkte zu vermarkten.

»Eine offene Werkstatt ist für alle da: für den Könner mit eigener Werkstatt, der manchmal die großen Maschinen braucht, wie für den Laien, der jemanden fragen können muss. Für die, die Geld sparen müssen, wie für die mit den besonderen Ansprüchen. Für die, die alleine vor sich hin werkeln wollen, wie für die, die den Austausch mit anderen suchen. Für die, die nur handwerken, wie für die, die sich im Stadtviertel vernetzen wollen. Für die Schulen, die hier einen Werkraum für interessante Schulprojekte vorfinden. Für die sozial benachteiligten Jugendlichen, die hier feststellen, dass sie auch etwas können. Für AnwohnerInnen, die manchmal nur einen Kaffee trinken wollen. Für die, die einen Ausgleich zu ihrer Berufsarbeit brauchen, wie für die, die in allen Lebenslagen kreativ sind. Für LebenskünstlerInnen und Menschen in der Krise. Für Junge und Alte, gut und weniger gut Betuchte, für Einheimische und Zugereiste, für Frauen und Männer.«[41]

Die offenen Werkstätten und Häuser für Eigenarbeit zielen auf Netzwerkbildung unter dem Gesichtspunkt, weniger abhängig von den großen Strukturen der Konsumgesellschaft zu sein. Die beiden Stiftungen anstiftung und ertomis haben es sich zum Ziel gesetzt, eine nicht an Wachstum und Konsum orientierte, ökologisch stabile Wirtschaftsform anzustoßen, welche den Beteiligten helfen kann, die Herausforderungen nachhaltigen Wirtschaftens zu erkennen und zu bewältigen.

Dafür bräuchten wir Menschen, die sich nicht vor Veränderungen fürchten und sich durch ihre handwerkliche Übung auch zutrauen, Herausforderungen anzupacken. Sie sollten fähig sein, den Konsumismus zurückzubauen in eine nachhaltige, an langlebigen und reparaturfreundlichen Dingen orientierte Wirtschaft. Solche Menschen finden sich nicht durch gute Vorsätze, sondern durch praktische Erfahrungen, nicht in einsamen Entschlüssen, sondern in Gruppenbildung und Teamarbeit.

Spielen lernen

Im Konsumismus werden wir bespielt. Die Komfortschritte der Freizeitindustrie laufen darauf hinaus, dass wir nicht mehr Spielwelten basteln, sondern für den Eintritt in eine vorgefertigte Spielwelt bezahlen. Improvisation und die Lust an einer allseitigen Übung aller körperlichen und seelischen Funktionen treten zurück.

Auf einer Reise in den Jemen habe ich den Erfindungsreichtum der Beduinenkinder bewundert, die aus den Abfällen der auch in Südarabien angekommenen Konsumwelt ihre Spielzeuge fertigen, unter anderem ein Tischfußballspiel mit einem Pappkarton als Spielfeld und vier kunstreich zurechtgebogenen Drahtkleiderbügeln. Als Ball diente ein Kiesel.

Den Eifer der jungen Spieler spornte die Unvollkommenheit ihres Gerätes nur an. Wir können diese Kinder bedauern, weil sie keine schöneren Spielsachen haben – und beneiden, weil sie besser auf die Zukunft vorbereitet sind als unsere Kinder.

Das sind Anekdoten, keine Lösungen. Aber die gespielte Armut bereitet besser auf Krisen vor als die Verleugnung, die jeder kennt, der nicht im Chor der Konsumwölfe mitheulen mag: Das sind doch alles keine Lösungen, tönt es da, wir lassen uns den Spaß nicht verderben, wir können nicht zurück in Schmutz und Armut, was sollen nostalgische Träume!

Sie sollen nicht mehr, aber auch nicht weniger als aufmerksam machen und die Fantasie üben, die durch den selbstverständlich gewordenen Griff zum Lichtschalter, zum Wasserhahn, zur Klosettspülung und zur Fernsteuerung in genormten Bahnen läuft. Es ist heilsam, auf alle diese Bequemlichkeiten zu verzichten, um zu erleben, wie gut es sich ohne sie leben lässt. Erst dann merkt Homo consumens, wie einst Thoreau in seiner Hütte am See[42], wie reich und entspannend ein Leben sein kann, das sich aus dem beschwerlichen Kokon unserer Luxusbedürfnisse befreit hat.

Von Menschen wie Thoreau wird gerne gesagt, sie seien Querdenker oder Personen, die gegen den Strom schwimmen. Aber es geht viel weniger um angestrengte Leistung als um entspannte Freiheit. Jede Rede von Askese oder Konsumverzicht kommt der gängigen Konsumdummheit viel zu weit entgegen. Es geht nicht darum, sich einzuschränken und zu darben, sondern *beweglich* zu bleiben, frei, fähig, sich um das Wesentliche zu kümmern und nicht mit Sorgen über einen Mangel an Unwesentlichem zu belasten.

Wer aus den Bruchstücken des Konsumismus ein Floß bauen will, muss sich erst einmal von den Bindungen an eine gigantische Übermacht befreien, die versprochen hat, ihm zu dienen und ihn zu beschützen. Wenn er zu sehen beginnt, dass der Konsumismus das Überleben seiner Anhänger gefährdet, weckt das heftige Ängste vor dem Verlust aller Sicherheiten. Entsprechend ausgeprägt ist die Neigung, sich an das todbringende Objekt zu klammern.

Es gibt immer wieder Berichte über Autofahrer, die auf einsamer Strecke in einem Schneesturm stecken bleiben und erfrieren, weil sie sich nicht entscheiden können, ihr Fahrzeug zu verlassen. Irgendwann geht das Benzin aus, die Heizung versagt. Obwohl das nächste Haus nur einen Fußmarsch von einer Stunde entfernt ist und Bewegung den versagenden Kreislauf wieder in Gang brächte, bleiben sie beim Auto, wie Babys sich an eine tote Mutter klammern, bis auch sie sterben.

Diese Mechanismen belegt auch das Scheitern der *Medusa*. Die Verantwortlichen waren nicht fähig, das Schiff zu retten, indem sie alles über Bord warfen, was die Fregatte auf die Sandbank drückte. Sie konnten das Schiff nicht verlassen, um rechtzeitig Hilfe zu holen oder die Passagiere nach und nach an Land zu bringen. Sie klammerten sich an Verleugnungen bis in die Katastrophe. Dann retteten sie pflichtvergessen die eigene Haut, während sie die weniger Privilegierten mit der Karikatur einer Rettung täuschten.

Wir brauchen dringend den unbefangenen Blick, der sich nicht einschränken lässt von den Geboten, dass nicht sein kann, was nicht sein darf. Künstler und Kinder haben diesen Blick, wie es Hans Christian Andersen in dem Märchen von des Kaisers neuen Kleidern zeigt. Die Teilhabe an dem System des Konsumismus, in dem Sicherheit und Geltung für das Opfer von Gefühl und Kreativität versprochen werden, beraubt uns der schöpferischen Möglichkeiten und der Empathie. Die Dichter des 19. Jahrhunderts haben das vorausgesehen, Hans Christian Andersen in der Geschichte von der *Schneekönigin*, Wilhelm Hauff in dem Märchen *Das kalte Herz.*[43]

Empathie und Kreativität hängen eng zusammen: Wenn wir uns einfühlen, erschließen wir seelische Strukturen, die *anders* sind als unsere eigenen. Wir denken nicht entlang gesellschaftlicher Normen, sondern entdecken, was sich gegen diese sperrt, was überraschend ist, eigenartig, nur in Teilen vertraut, sich aber doch in eine intuitiv wahrgenommene Ganzheit fügt. Wenn wir schöpferisch sind, müssen wir ausgetretene Pfade verlassen und doch genügend Material mitnehmen, um nicht bei dem Bau von Luftschlössern zu verharren.

Das Floß der *Medusa* ist das Gegenbeispiel einer solchen schöpferischen Leistung. Es war unbrauchbar, weil es die Illusion pflegte, dass zusammengebundene Teile eines Schiffs funktionieren wie ein Schiff. Die Tragfähigkeit wurde dem Anschein geopfert: Es sollte groß genug sein, um alle aufzunehmen, die nicht in die Boote passten. Aber es war kein Rettungsfloß, sondern eine Todesfalle.

Eine bessere Führung, ebenso eine entschlossene Mannschaft hätte es der Kreativität kleiner Gruppen überlassen, rettende Flöße zu bauen. Dann hätten viel mehr Menschen das Ufer erreicht. Das Floß der *Medusa* zeigt, wie unfähig Hierarchien sein können, wenn es darum geht, menschliche Fähigkeiten in der Bewältigung von Katastrophen angemessen einzusetzen.

Aufgebläht und voller verleugneter Angst, ihr Versagen erkennbar werden zu lassen, neigen Hierarchien zu großen Worten und verbergen dahinter ihre Unfähigkeit. Sie hemmen die Improvisationstalente der Menschen, die ihnen anvertraut sind, statt diese zu wecken und zu fördern. Sie versuchen, ihr Scheitern zu verheimlichen, wenn es längst eingetreten ist. So verhindern sie, dass die Opfer ihrer Fehler rechtzeitig versuchen, aus den Bruchstücken ein Rettungsfloß zu bauen.

Das Thema einer kalten Macht, der wir auf der *Medusa* ebenso begegnen wie in den faschistischen Diktaturen und nicht selten auch in den international operierenden Konzernen, die Atomkraftwerke bauen und Rohstoffe erschließen, hat nach Andersen und Hauff auch J. R. R. Tolkien in poetische Bilder geformt. Bei Tolkien ist es ein magischer Ring, der größte Macht verleiht, aber den Träger auch kalt und böse werden lässt.

Besonders lehrreich scheinen mir jene Gestalten, die durch das Begehren nach dieser Macht korrumpiert werden, wie der Zauberer Saruman und der Statthalter Denethor. Dieser gibt die Stadt, die er bewahren soll, dem Feind preis und will sich selbst zusammen mit seinem Sohn verbrennen, weil er nicht bereit ist, eine andere Kreativität zuzulassen als seine eitlen und eigensüchtigen Vorstellungen von Tradition und Würde.

Nur Stämme werden überleben?

Vine Deloria hat diese These aufgestellt, die aber doch mehr Frage ist als Antwort. Der amerikanische Autor aus einer Familie von Geistlichen indianischen Ursprungs teilt mit vielen Kritikern der Konsumgesellschaft das Unbehagen an globalisierten Organisationen, die prädestiniert sind für Raubbau. In einer Zentrale wird von Gewinnmaximierern entschieden, an welchem Ort Menschen ausgeplündert oder Gesundheitsgefahren ausgesetzt werden.

Die amerikanischen Indianer haben viele solche Erfahrungen gesammelt: viele Verträge über ihr Recht auf Land, die gebrochen wurden, viele Plünderungen ihrer Territorien, um Bergbau zu treiben. Aber das Prinzip gehört zu allen großen Organisationen. In Europa mag es länger dauern als in China, ob eine friedliche Landschaft durch eine Autobahn zerschnitten wird, aber am Ende wird die Autobahn meist doch gebaut.

Die letztlich bösartige Vereinfachung der Formel »Gemeinnutz geht vor Eigennutz« ignoriert den »Stamm«, die lokale Gruppe der Betroffenen. Den Gemeinnutz definiert der Staat; er entscheidet, wie viel Geld gedruckt, welche Kriege begonnen, welche Großtechnologien verwirklicht werden.

In der Konsumgesellschaft geschieht nun etwas ganz Unheimliches: Der Staat versagt darin, die explodierenden Bedürfnisse nach Wachstum der Verschwendung von Energie und Rohstoffen zu kontrollieren. Er kann sie nur verwalten und eine Entwicklung für unausweichlich erklären, die so zukunftssicher ist wie der Kurs der *Titanic*.

In unserem Denken über die Reform der staatlichen Macht und die Rückkehr zu überschaubaren Einheiten müssen wir primitive Idealisierungen und Spaltungen rechtzeitig erkennen. Beliebt ist es, eine lokale Sozialutopie zu idealisieren und ihre problematischen Seiten der »Gesellschaft« oder dem »Staat« zuzuschreiben, die sich dem geplanten Paradies (noch) in den Weg stellen. An den Stamm tischen wird bald der Kantönligeist kritisiert und die alles Gute hemmende lokale Engstirnigkeit beklagt, bald die Staatsmacht dämonisiert, die nur Böses bringt.

Das Konzept der überschaubaren lokalen Gruppe, die alle Macht über die von ihr besiedelte Umwelt hat, lässt sich nur dann realisieren, wenn die »Stammesangehörigen« bereit sind, auf viele wirtschaftliche Vorteile des globalisierten Handels zu verzichten. Keine Bananen, wo sie nicht wachsen, keine billigen Werkzeuge und Rasenmäher mehr, sondern Spaten und Sense aus der Dorfschmiede? Das ist gegenwärtig keine mehrheitsfähige Welt, auch wenn wir uns nach ihr sehnen.

Die Anziehungskraft der Utopie des American Indian Movement verblasste, sobald deutlich wurde, dass die alternativen Gruppen meist nicht darauf verzichten konnten, nach wie vor Ansprüche an das entwertete Establishment zu richten. Den indianischen Stämmen ebenso wie den Aborigines in Australien ist viel Unrecht geschehen, das macht sie aber leider nicht zu verlässlichen Vorbildern, wie wir unsere Zukunft gestalten können. Es gibt kein Zurück in Stammeskulturen, die den Büffelherden folgen, wenn im Mittelwesten inzwischen hochverschuldete Farmer ihre Mähdrescher über riesige Weizenfelder lenken. Nur den Geist ihrer Kulturen, die nichts vergeuden und sich in ihrem Umweltverbrauch stabilisieren, können wir gar nicht ernst genug nehmen.

Wer überzeugt ist, dass ihm die Welt etwas schuldet, hat es nicht leicht, eine realistische Beziehung zu ihr aufzubauen. Die Stämme, welche sich die Neue Welt erschlossen, setzten sich mit der Natur auseinander und stabilisierten ihre Bezüge zu ihr, bis die Europäer landeten und behaupteten, sie hätten Amerika »entdeckt«. Wenn diese Stämme sich jetzt neu formieren, ist nicht mehr die Natur ihre Umwelt, sondern die Zivilisation der USA, verführerisch und bedrückend.

Die Konsumgesellschaft verführt Menschen zur Teilhabe. Sie verspricht ihnen, dass sie alles gleichzeitig haben können – Waschmaschinen, gekachelte Bäder und saubere Flüsse, Kunstdünger und gesundes Essen. Die Natur macht keine solchen Versprechungen.

Die alten Stammeskulturen brauchten diese Natur, um sich zu stabilisieren; es gelang ihnen auf bewundernswürdige Weise, aber auch unter Grausamkeiten, welche einem zivilisierten Menschen unerträglich erscheinen.

Die zusammenbrechende Konsumgesellschaft wird in mancher Hinsicht zur primären Natur. Sie wird nach wie vor verführerische Anteile haben, aber sie wird auch Hässlichkeiten und Gefahren bieten, die grauenhafter sind, als wir es uns ausmalen können, wenn wir uns beispielsweise die Umgebung eines Atomkraftwerks vorstellen, das seine Betreiber im Stich gelassen haben.

Wie die Stämme aussehen, die sich in solcher Umgebung bilden, wissen wir nicht; wir können aber sicher sein, dass sie anders sind als die Stämme, die sich vor vielen tausend Jahren in der Auseinandersetzung mit einem neuen Kontinent entwickelten.

Das Aggressionsproblem

Am meisten scheint die Autoren und Filmemacher von Endzeitszenarien zu beschäftigen, wie wir nach dem Zusammenbruch der Konsumgesellschaft mit unseren Aggressionen umgehen werden. Hier entfaltet sich eine Dämonologie. Die Zustände auf der vom Konsumismus ausgepowerten Erde, in den verlassenen, von Lava erstickten oder in den Meerestiefen begrabenen Metropolen könnten schlimmer gar nicht sein. Ich denke dann manchmal an eine Diskussionsbemerkung, die jeder Kritiker des Konsumismus und des Wachstumswahns kennt: Wer nicht alles toll findet an der Gegenwart, möchte schnurstracks zurück in die Steinzeit.

Kulturforschung und vielleicht auch eigene Erfahrungen in weniger entwickelten Gebieten des Planeten belehren uns, dass unter primitiven Lebensumständen Gastfreundschaft und liebevolle Neugier auf den Besucher überwiegen. Die Zombies, Vampire und Räuberbanden, welche in Zukunftsfilmen ein durch den Untergang der Konsumgesellschaft zerstörtes Land vollends verwüsten, stehen eher für das Verdrängte, für die gegenwärtig von Polizei und Justiz in den Metropolen mühsam in Schach gehaltene Lust an Vandalismus und Destruktion. Über die Zustände nach dem Untergang des Konsumismus sagen sie (noch) nichts.

Während Daniel Defoe die Überlebenskünste seines Robinsons liebevoll ausmalt und detailkundig berichtet, wie dieser aus den Dingen, die er von dem gescheiterten Schiff rettete, und den auf der Insel vorgefundenen Pflanzen und Tieren eine Schutzhülle baut, geht es in den Hollywood-Adaptationen des Robinson-Stoffes praktisch nur um Kämpfe mit Piraten oder Kannibalen.

Das belegt die Faszination der Gewalt für die satten und in Sicherheit lebenden Menschen der Konsumgesellschaft. Nach drastischen Darstellungen blutigster Massaker wird den Konsumenten ihr Haus zum paradiesischen Ort, weil nicht aus jedem dunklen Winkel Maskierte mit geschwungenem Dolch auftauchen oder ein sadistischer Ehemann die Kettensäge anwirft.

In *Ökotopia* hat Ernest Callenbach 1975 eine Gesellschaft beschrieben, die sich vom Rest der USA getrennt hat. Der Held des Buches, ein Reporter, ist der Erste, der – anfangs skeptisch, bald aber bekehrt – die Errungenschaften umweltschonender Technologien, nachhaltigen Bauens und reparaturfreundlicher Technik beschreibt. Er ist nach der Abspaltung des Gebietes um 1980 der erste Amerikaner mit einer offiziellen Besuchserlaubnis.

Ökotopia entstand in Callenbachs Fiktion auf dem ehemaligen Gebiet von Oregon, Nordkalifornien und Washington. Alle Handelsbeziehungen wurden eingefroren und die Grenzen geschlossen. Es entstand ein neues Gesellschaftsmodell mit ökologischen Prioritäten. Der Friede mit der Natur ist hergestellt – aber wohin mit den menschlichen Aggressionen? Die Menschen in Ökotopia praktizieren in einem speziell ausgewiesenen Gebiet Kampfrituale, die den Kriegszügen der amerikanischen Indianer gleichen.[44]

Das menschliche Bedürfnis nach Austausch ist tiefer verwurzelt und durchsetzungskräftiger als die Lust am Plündern und Zerstören. Haie oder Krokodile mögen überleben, indem sie alles jagen und fressen, was kleiner ist als sie, sobald sie aus dem Ei geschlüpft sind. Aber menschliche Neugeborene überleben nur dadurch, dass sich andere um sie kümmern und bereit sind, den Nachwuchs voller Hoffnung auf die Zukunft und auf Dankbarkeit für das Erhaltene zu füttern. Der Mensch ist ein soziales Wesen.

Nirgends verdanken wir Glaubenskriegern erträgliches Leben und kulturelle Entwicklung, überall Händlern, ehrlichen Kaufleuten, Menschen, die nicht mehr und nicht weniger wollen, als für das, was sie bieten, einen fairen Gegenwert. Mit Fanatikern und Verzweifelten ist kein Austausch möglich. Sie erwarten nicht, dass es einen Handel gibt, den zwei Seiten mit einem guten Gefühl abschließen.

Wer auf einem der zahlreichen, für das Land lebenswichtigen Märkte in Südarabien den Frieden bricht, wer sich dort einer alten Blutrache hingibt oder einen Streit in Gewalt ausufern lässt, der wird dafür zehnmal strenger bestraft als für dasselbe Vergehen an einem anderen Ort.

Ich halte die vielfältigen und seit uralter Zeit nicht nur im Jemen nachweisbaren Formen des »Marktfriedens« für einen Beleg, dass der Austausch eine stabilere Grundlage in unseren Emotionen hat als Rache und Raub. Allerdings darf das nicht zu Illusionen verführen. Wenn Menschen nichts haben, womit sie tauschen können, wäre es unrealistisch zu erwarten, dass sie dort nicht zu Dieben und Räubern werden, wo ihnen niemand etwas schenkt.

Die Rituale der Gastfreundschaft sind ebenso alt wie der Marktfrieden. Sie verlangen, den Fremden so zu beschenken, dass er darauf verzichten kann, zum Dieb oder Räuber zu werden. Auf dem Floß der *Medusa* wüteten die Aggressionen der Ausgesetzten derart, dass kaum ein Zehntel überlebte. Das sagt nur so viel über die menschliche Natur, dass Böses Böses erzeugt. Den Verzweifelten auf dem Floß war durch den Verrat ihrer Anführer jeder Glaube geraubt worden, Rücksicht auf andere sei etwas anderes als ein Weg in den Tod.

Eine gefährliche Variante der Aggressionen, die der drohende Zusammenbruch der Konsumgesellschaft mit sich bringt, sind Terroranschläge und Amokläufe, die sich – wie jüngst in Oslo – auf bizarre Weise kombinieren können. Diese Taten beruhen auf absoluten Empathieverlusten: In den Augen der von Bildschirmwelten geprägten, kontaktgestörten Täter sind die Menschen, auf die sie anlegen, nicht mehr als bewegliche Ziele.

Die dem Bewusstsein der Täter zugänglichen Motive kreisen darum, Zeichen zu setzen und sich für erlittene Kränkungen zu rächen. Da die Rache Unbeteiligte trifft und jedes Maß überschreitet, spielt auch eine herostratische Geltungssucht eine Rolle, verbunden mit einem vampirischen Motiv, das der Konsumismus im Unbewussten stimuliert.

Ein bedrohtes eigenes Leben kann nach diesem in vielen Sagen formulierten Motiv dadurch gerettet, ja gesteigert werden, dass anderen – bevorzugt jungen und gesunden Menschen – das Leben genommen wird. In *Mortal Combat*, einem in vielen Filmen und Computerspielen variierten Konstrukt eines Kampfes zwischen Gut und Böse, saugt der Sieger den Getöteten die Lebensenergie mit den Worten aus: »Deine Seele gehört mir!«

Die Täter erfinden sich selbst als Vampire; sie helfen uns auch, besser zu verstehen, weshalb die Vampir-Mythen in den Konsumgesellschaften beliebter sind als alle anderen Sagen. Ihr Motiv kopiert den Blutdurst der Untoten: Leben müssen geopfert werden, um unsterblich zu machen.

Dieser psychische Kannibalismus spiegelt sich in dem Bestreben junger Amoktäter, möglichst viele Menschen zu töten, die ein besseres Leben vor sich haben als sie, die lachen und glücklich sein können und nicht immer nur um die eigenen narzisstischen Wunden kreisen. In der bizarren Logik einer ungehemmten Größenfantasie projizieren die Täter ihr inneres Elend in eine Welt, die sie dann von sich selbst erlösen möchten.

Die Autoaggression

Wenn sie nachts durch einen Wald tappen, müssen die meisten Menschen Gefühle der Angst unterdrücken, obwohl ihnen die Vernunft sagt, dass im Umkreis von vielen Meilen das gefährlichste Geschöpf sie selber sind. Die Finsternis füllt sich durch die Projektion mitgebrachter Gefahren mit unheimlichen Gestalten. Wir fürchten uns vor wilden Tieren, Räubern, Gespenstern.

In Mitteleuropa kommen auf einen Mord rund zehn Suizide. Seelische und somatische Autoaggression ist sehr viel gefährlicher als die Verletzung durch andere. Sie fordert sehr viel mehr Opfer an Leib und Leben als äußere Gewalt. Autoaggressionskrankheiten beruhen darauf, dass das Immunsystem mit seinen Millionen gegen Bakterien und Viren aktivierbaren Zellen das eigene Gewebe attackiert: in der Polyarthritis die Knorpelsubstanz der Gelenke, in der Multiplen Sklerose die Nervenleitungen, beim Ekzem die Haut, beim Lupus die Nieren, beim Asthma bronchiale die Lungen. Eine komplette Liste würde Seiten füllen.

Die am meisten verbreitete Form der seelischen Autoaggression ist die Depression, über deren Dynamik im Kapitel über den Konsumismus und die vermiedene Trauer gesprochen wurde. Die seelischen Ursachen dieses Leidens werden in den Konsumgesellschaften offen oder indirekt (mit dem Hinweis auf eine obskure »genetische Ursache«) geleugnet. Selbsthass und gegen das eigene Ich gerichtete Wut, die so oft zum Selbstmord führt, werden organisch mystifiziert. Das hat den für die pharmazeutische Industrie und ihre medizinische Lobby nützlichen Nebeneffekt eines wachsenden Umsatzes für Psychopharmaka.

Zwangsleiden und Selbstverletzungen sind weitere Formen der psychischen Autoaggression. Bei Zwangsstörungen rauben bizarre Rituale erheblich mehr Lebensqualität, als es die Ängste tun würden, welche auf diesem Weg bekämpft werden. Eine Zwangskranke wäscht sich die Hände wund, ein Patient benötigt vier Stunden zum

Weg zu seiner Arbeitsstelle, weil er immer wieder umkehren und kontrollieren muss, ob er tatsächlich das Gas abgestellt und die Tür versperrt hat. Die Autoaggression steckt hier darin, dass der kleine Sieg über die Angst vor Bazillen oder Eindringlingen durch das Händewaschen oder Türversperren sofort wieder zunichtegemacht wird und die so erneute Angst mit dem gleichen Mittel bekämpft werden muss, bis endliche Erschöpfung von dem Ritual erlöst.

Es stimmt nachdenklich, dass auf dem Floß der *Medusa* erheblich mehr Menschen durch Selbstmord starben als durch Gewalteinwirkungen von außen. Eine Gruppe der Ausgesetzten wollte das versagende Vehikel zerstören. Die anderen mussten mit Gewalt gegen diesen eruptiven Todeswillen vorgehen.

Die Fantasie des Freitodes beschäftigt viele Menschen in Krisen ihres Selbstgefühls. Es erscheint dann erträglicher, ein von Kränkungen durchtränktes und vergiftetes Leben »in Widerstand zu enden«, wie Hamlet sagt. Hamlet tötet sich nicht, weil er sich vor bösen Träumen im Todesschlaf noch mehr fürchtet als vor Schicksalsschlägen. Die Ängste vor solchen Träumen mildert der Wunsch, zusammen mit einem geliebten Menschen in den Tod zu gehen. Für ihn steht Heinrich von Kleist, der das nicht nur fantasiert, sondern auch umgesetzt hat, als er eine Begleiterin fand, die zu seiner Fantasie die ihre fügte.

Inzwischen gehört die Verzweiflung über das, was der Mensch mit seiner Umwelt angerichtet hat, zu den Symptomen der Depression. Dass sich Menschen *allein* aus diesem Grund das Leben nehmen, habe ich bisher nicht beobachten können. Depressionen sind komplexe Prozesse, ihre Wurzeln liegen zum größten Teil in den Bindungen an andere Menschen, die nur durch Wendung der Aggression gegen das eigene Ich aufrechterhalten werden können.

Aber Naturferne und Naturzerstörung spielen doch eine Rolle bei Depressionen. Ich habe manchmal verfolgt, wie über berufliche oder private Niederlagen erbitterte Personen in langen, einsamen Wanderungen in einer noch wenig belasteten Natur zur Ruhe kamen. Kinder entspannen sich angesichts traumatischer Erfahrungen im Elternhaus, wenn sie die Möglichkeit haben, irgendwohin zu gehen, wo sie nur Pflanzen und Tiere um sich haben. In solchen Erlebnissen wird die verträumte Rede von *Mutter Natur* in ihrem psychohygienischen Wert fassbar.

Im Konsumismus wird die autoaggressive Komponente vieler Waren und Dienstleistungen verleugnet. Die Verführung zum Bewegungsmangel, zur Betäubung durch Genussgifte, zu Ablenkungen im Bildschirmkonsum behindert Aktivitäten, welche nötig wären, um die Gesundheit zu erhalten. Angesichts einsetzender Symptome werden die autodestruktiven »Lösungen« intensiviert, ein Teufelskreis setzt ein – der Alkoholiker trinkt, weil es ihm schlecht geht, und es geht ihm schlecht, weil er trinkt. Der Bildschirmsüchtige kennt keine Menschen mehr, mit denen er sich austauschen kann, was ihn noch mehr an den Bildschirm fesselt.

Vermutlich werden die menschlichen Neigungen zur Autoaggression den Bau tragfähiger Rettungsflöße mindestens ebenso behindern wie die Gefahren der Gewalt. Tiefenpsychologisch betrachtet ist meine vertraute Umwelt die Mutter, die mich in ihrem Bauch sicher durch alle Gefahren trägt. Wenn diese Mutter nicht mehr funktioniert, ist die Gefahr groß, dass sich eine ihr gegenüber verbotene und unterdrückte Wut gegen das eigene Ich richtet.

Der Zusammenbruch des Konsumismus wird viele Menschen in lähmende Depressionen versetzen. Sie erleben es vielleicht nicht einmal, aber sie handeln so, als seien sie selbst daran schuld und ihr Untergang Strafe für eigenes Versagen. Ein Mangel an Mut und Zuversicht dürfte in den Krisen, die auf uns zukommen, gefährlicher werden als der Verlust an handwerklichem Können durch die Komfortschritte.

Indem der medizinisch-pharmazeutische Komplex die Wurzeln der Depression im Konsumismus leugnet, behindert er die Entwicklung von Gegenkräften. Mein liebstes Beispiel für diese ist der Bildhauer Michelangelo, ein immer wieder von trüben Stimmungen geplagter, aber auch besserwisserischer und streitsüchtiger Mann, den die meisten Menschen, die ihn trafen, zwar wegen seiner Kreativität bewunderten, persönlich aber unleidlich fanden.

Es hätte schlecht um die seelische Stabilität des Bildhauers gestanden, hätte er nicht über ein Gegenmittel verfügt: die Arbeit mit Meißel und Hammer am Marmor. Andere Bildhauer von Rang überließen die erste grobe Umsetzung des Entwurfs ihren Gehilfen. Stein ist hart. Es kostet viel Mühe, von einem rohen Stück Marmor alles wegzuhauen, was das in ihm verborgene Werk verhüllt.

Michelangelo fand diese Arbeit tröstlich und beruhigend. Er sah in ihr einen Sinn, der in seinen neuplatonischen Überzeugungen wurzelte, wonach das Kunstwerk von der irdischen Materie erlöst und aus ihr befreit werden muss. Der wahre Künstler ist der Bildhauer, der wegnimmt, was die reine Idee stört, nicht der Maler, der Farben auftragen muss, um seine Idee abzubilden.

So deutlich war Michelangelos Freude an seiner meditativen Handarbeit, dass ihm (wie Vasari berichtet) seine Schüler einmal zum Geburtstag einen speziellen Hut aus Pappe schenkten. Daran konnten Talglichter befestigt werden. Jetzt hatte der Bildhauer beide Hände frei, um nachts seiner Lieblingsbeschäftigung nachzugehen.

Der Mensch braucht günstige Bedingungen, um human zu sein. Der Konsumismus ist dafür ebenso ungünstig wie sein Zusammenbruch. Die Verschmelzung mit den komfortablen Dingen lässt Fähigkeiten verkümmern, die für den Bau von Überlebenskapseln und Rettungsflößen benötigt werden. Mehr als auf die Wahrheit des dunkelschönen Verses aus Hölderlins *Patmos*[45] vertraue ich auf die menschliche Fähigkeit, angesichts realer Gefahren alle Autoritäten abzusetzen, welche für den falschen Kurs verantwortlich sind, Gruppen zu bilden, gemeinsam zu lernen, sich zu organisieren und verschüttete Begabungen zu beleben. So können wir tragfähige Flöße bauen und eine von unseren Irrtümern verwüstete Erde neu beleben.

13. Neue Allmenden

> Die Suche nach einer universellen, perfekten Lösung ist Teil des Problems, sagt Ostrom immer wieder, als hätte sie sich auch mit dem Floß der *Medusa* beschäftigt, auf dem die durch autoritäre Anordnung »Geretteten« bis zum Gürtel im Wasser standen. Es kommt darauf an, fehlerfreundlich und im Geist des Experimentierens mit Regelungen und Kontrollen herauszufinden, wie Menschen dazu gebracht werden, eine Allmende so zu nutzen, dass sie nicht dem Einzelinteresse und der Rivalität geopfert wird.

Oft lesen wir inzwischen von Menschen, die sich bemühen, »etwas für die Umwelt zu tun«. Sie überlegen sich genau, ob sie ein Auto benutzen, verzichten auf Flugreisen, essen kein Fleisch, reparieren lieber, als wegzuwerfen und neu zu kaufen. Es gibt unter ihnen Personen, die eher improvisieren, aber auch welche, die sehr sorgfältig durchdacht haben, wie sie ihren ökologischen Fußabdruck klein halten können.

Dazu gibt es Berechnungen, welche ganz anders ausfallen als die eifrig produzierten Werbetexte über »umweltfreundliche« Produkte. In den meisten Fällen schmerzt es die Umwelt mehr, wenn der Umweltbewusste ein solches ihr angeblich freundliches Produkt kauft und nicht jenes weiternutzt, das es ersetzen soll. Wer Alt und Neu vergleicht *und Neu verkaufen will*, versäumt fast immer einzubeziehen, was Neu an Rohstoff und Energie verbraucht, um überhaupt neben Alt glänzen zu können. Alt hingegen hat seine Schuld schon abgetragen.

Manchmal werden diese Menschen in Talkshows eingeladen. Sie stellen dann detailliert vor, wie sie leben. Sie sind mit dem Zug angereist oder mit dem Fahrrad gekommen, sie essen kein Fleisch und beantworten brav alle Fragen, ohne zu klagen, was so ein Fernsehstudio für ein gigantischer Energiefresser ist.

Ein Talkmaster, der ehrerbietig ist oder wenigstens so tut, erkundigt sich nach dem einfachen Leben. Daneben sitzen Vertreter der Industrie und des Wachstums. Sie verharmlosen nach Kräften, durchaus mit Hilfe derselben Rechnungen. Beispielsweise sagt ein Vertreter der Verpackungsindustrie, dass der Jahresverbrauch an Plastiktüten pro Konsument die Umwelt nicht mehr belastet als 20 Kilometer Autofahren.

Die Suche nach dem richtigen Leben im falschen hat schon Adorno beschäftigt. Er hat daran gezweifelt, ob sie ihr Ziel finden könne. Wer sich dann zurücklehnt, gar nichts unternimmt und seine überlegene Einsicht erkennen lässt, indem er sich über Spinner, Müslis und Ökos lustig macht, geht freilich mit dem Problem noch kläglicher um.

Die ökologische Reflexion, die Adornos Kritik sozusagen parallel läuft, kommt von dem Mikrobiologen Garrett Hardin, der 1968 auf einer Konferenz in Kalifornien über »The Tragedy of the Commons« sprach. Sein Artikel wurde kurz darauf in der Zeitschrift *Science* veröffentlicht; er ist berühmt geworden und steht heute im Internet.

»Commons« ist mit dem deutschen Wort Allmende schön, aber leider ungenau übersetzt. Die Allmende betraf ursprünglich nur ein von allen Berechtigten einer Gemeinde genutztes Gebiet, eine Weide, einen Wald, ein Jagdrecht. »Commons« ist ein viel weiterer Begriff, er meint die »Gemeingüter« wie Meere, Flüsse, Luft, letztlich den ganzen Planeten, der allen Lebewesen »gehört«, aber von manchen sehr viel mehr ausgebeutet wird als von anderen.

Die Tragik der Allmende illustriert Hardin durch ein Beispiel aus der Hirtenkultur. Wenn nomadische Stämme ein Stück Land durchstreifen und es gemeinsam nutzen, wird eine Zeit lang durch Stammeskriege, Seuchen und die Weite noch unbenutzter Areale jeder Hirte sein Auskommen haben. Je friedlicher die Zeiten werden, desto gefährlicher wird es für die Umwelt. Irgendwann ist ein Punkt erreicht, wo jedes zusätzliche Tier durch Überweiden den Gesamtertrag der Weidefläche reduziert.

Seit langem haben die Ökologen dieses Phänomen des Überweidens oder des Überfischens studiert: Es gibt eine »richtige« Entnahme - von Kräutern, von Fischen –, welche die Vermehrung anregt. Auf einer gepflegten Weide entsteht mehr Biomasse als auf einer sich selbst überlassenen Steppe; in einem umsichtig befischten Gewässer schwimmen mehr Fische als in einem, das sich selbst überlassen ist.

Aber wenn die Wiese überweidet, das Meer überfischt ist, dann schwindet der mögliche Ertrag dramatisch. Das Ökosystem kollabiert und erholt sich nicht mehr. Wer an den Küsten des Schwarzen Meeres reist, findet überall die Spuren einer solchen Katastrophe: Große Fangboote rosten in den Docks, angesichts jahrtausendelang genutzter Fischschwärme gebaut, mit elektronischen Suchgeräten und riesigen Schleppnetzen ausgerüstet.

Durch den massiv mit staatlichen Mitteln von allen Anrainern geförderten Fischfang kippte die Ressource, die Fänge sanken rapide, die großen Boote lohnten nicht mehr. Was heute noch hinausfährt, sind wieder kleine, oft alte Boote, von Pensionisten bemannt, die nicht von ihrem Fang leben müssen.

Die Tragödie der Allmende liegt also darin, dass auch angesichts der drohenden Katastrophe jeder gefangene Fisch dem *einzelnen* Fischer gehört, während der Ruin der Bestände *alle* trifft. Daher gilt dem Schutz des gemeinsamen Gutes ein schwächeres *individuelles* Interesse. Übermacht gewinnen die Impulse, noch schnell einen Vorteil für das eigene Gut (mein Schiff, meine Nation, mein Konzern) herauszuschlagen.

Manfred Milinski,[46] Direktor am Max-Planck-Institut für Evolutionsbiologie in Plön, hat den Sieg des Zocker-Egoismus über gemeinsame Interessen experimentell dokumentiert. Ein Beispiel:

Vier Studenten erhalten jeweils ein Startkapital von einem Euro. Sie können entscheiden, ob sie diesen anonym in die Gemeinschaftskasse – quasi die Allmende – investieren. Der Versuchsleiter nimmt die Investitionen entgegen, verdoppelt dann die Gesamtsumme und verteilt das Geld wieder gleichmäßig auf die Spieler.

Es ist klar, dass diese den höchsten Gewinn machen werden, wenn alle ihren Betrag vollständig einzahlen. Doch dann könnte jeder »blöd« dastehen, weil ein anderer Spieler nichts eingezahlt hat, aber dennoch seinen Teil an der Gesamtinvestition erhält. Die Folge ist, dass die Spiele kooperativ beginnen. Sie entgleisen aber regelmäßig, weil – je höher die Summen werden – die Spieler umso weniger bereit sind, einen möglichen persönlichen Nachteil in Kauf zu nehmen, indem sie das für die Gemeinschaft Nützlichste tun. Ehe sie sich damit abfinden, gelegentlich einen Schmarotzer zu unterstützen, werden sie lieber selbst Schmarotzer. Am Ende bricht das Spiel zusammen, weil niemand mehr den Gemeinnutz vor den Eigennutz stellen will.

Aber nur anonyme Spiele beginnen kooperativ und brechen nach einigen Runden zusammen. Wenn öffentlich gemacht wird, welcher Spieler sich dem Gemeinnutz entzieht, bleibt die Bereitschaft, etwas für die gemeinsame Kasse zu tun, über viele Spielzyklen und bis zu höheren Summen stabil. Die meisten Spieler, glaubt Milinski, sind daran interessiert, einen guten Ruf zu erwerben und zu behalten. Die Sehnsucht nach Ansehen, nach Halt in einer Gruppe bietet einen Ausweg aus der Tragödie der Allmende.

Hardin war vor über 30 Jahren überzeugt, dass der Appell an das Gewissen nicht nur wirkungslos, sondern geradezu schädlich ist, wenn wir beabsichtigen, die Gemeingüter vor persönlicher Gier und Vorteilsnahme zu schützen. Wenn wir jemanden auffordern, aus moralischen Gründen aufzuhören, das auszubeuten, was allen gehört, wird er immer zwei Botschaften hören, die sich widersprechen: eine, die zutage liegt und besagt: »Wenn du dich nicht zurückhältst, verurteilen wir dich, weil du ein schlechter Mensch bist!« – und eine zweite, die dunkel bleibt und darauf hinausläuft: »Wenn du das machst, was dir unsere Moralpredigt vorschreibt, werden wir dich für einen Einfaltspinsel halten, der auf eine Möglichkeit verzichtet, die sich alle anderen zunutze machen!«

Diese Situation hat der amerikanische Anthropologe Gregory Bateson in schizophrenen Familien beobachtet und als »double bind« beschrieben. Hardin ist von ihren schädlichen Folgen für die Psyche überzeugt. Appelle an die Moral dienen stets dazu, mehr Macht für sich zu beanspruchen, als es die gesetzlichen Grenzen zulassen. Paul Goodman hat das herb verurteilt. »Niemals ist aus Schuldgefühlen etwas Gutes entstanden, weder Intelligenz noch Ordnung oder Mitgefühl. Die Schuldbewussten kümmern sich nicht um andere, sondern nur um sich selbst, und oft nicht einmal um ihre eigenen Interessen, was ja Sinn machen würde, sondern nur um ihre Ängste.«[47]

Hardin zitiert das beifällig: Man müsse kein Psychiater sein, um zu erkennen, dass Angstmacherei mehr schadet als nützt und der Anspruch, durch eigenes Wohlverhalten die Sünden anderer auszugleichen, in der Geschichte des Christentums selbst mehr Unheil als Nutzen stiftete. Nicht weniger kritisch wendet sich Hardin gegen Versuche, an die *Verantwortung für den Planeten* zu appellieren: Solange wirkungsvolle Sanktionen gegen den Missbrauch der »Commons« fehlen, heißt Verantwortung nur, Menschen zu zwingen, gegen ihre eigenen Interessen zu handeln.

Hardin plädiert für soziale Strukturen, die gegenseitigen Zwang verkörpern, auf dessen Berechtigung sich die Beteiligten zuvor geeinigt haben. Wir appellieren nicht an das Gewissen oder Verantwortungsgefühl für die gemeinsame Nutzung einer Bank, wenn wir den Räuber hindern, sie auszuplündern. Er wird verfolgt und bestraft, weil er die Bank nicht so nutzt, wie es von der Allgemeinheit geregelt ist, sondern nach Gier und Gutdünken.

Dass auf diesem Weg die Freiheit der Bürger eingeschränkt wird, Banken zu berauben, empört niemanden, weil sich die Menschen geeinigt haben, dass Banken keine Allmende sind. Sobald es aber darum ginge, einem Fischer zu verbieten, seine Netze in diesem Jahr ebenso auszuwerfen wie in den Jahren davor, hat man sich einen Feind gemacht, solange er nicht überzeugt ist, dass andere Fischer auch nicht mehr fischen dürfen und er es wieder tun darf, sobald sich die Bestände erholt haben.

Das moderne Zusammenleben ist voller Zwänge, knappe Güter sparsam zu nutzen. Es gibt absolute Verbote (wie das des Bankraubs) und bedingte (etwa die Parkuhr). Hardin besteht auf dem Wort »Zwang«, er sei klar und müsse, ähnlich den schmutzigen Wörtern über Sexualität, nicht verborgen, sondern im Gegenteil durch Eindeutigkeit und Anerkennung der Realität gesäubert und in das richtige Licht gestellt werden: Zwang in diesem Sinn ist kein willkürliches Gebot, das eigennützige Autoritäten von oben herab kommandieren. Es ist gegenseitiger Zwang, über dessen Notwendigkeit sich Menschen einig geworden sind, die ihn über sich verhängen. Wechselseitiger Zwang ist keineswegs angenehmer als autoritärer, er entspringt nur anderen Quellen.

Was Grund und Boden angeht, hat die kulturelle Evolution zunächst zur Einrichtung des Privateigentums geführt, das in Familien vererbt wird. Dieses System hat große Vorzüge wie auch nicht wenige Schwächen. Ein Beispiel dafür ist die unterschiedliche Entwicklung der Landwirtschaft in Gegenden, wo den Bauern Hof und Land gehören, verglichen mit Regionen, in denen sie diese von einem Großgrundbesitzer gepachtet haben. In der Toskana, wo es in den sechziger Jahren die schönsten verlassenen Steinhäuser für vierstellige Summen zu kaufen gab, hatten Halbpächter massenhaft ihre Gehöfte und Gärten verlassen, weil das Land nicht ihnen gehörte und in einer aufkommenden Industriegesellschaft der Stolz des Arbeiters darauf beruhte, wie viel er in der Lohntüte hatte.

Ein *mezzadro* (Halbpächter), der einen Hof bewirtschaftet und die Hälfte der Ernte dem Grundherrn *(padrone)* abliefern musste, verdiente nur einen Bruchteil des Lohns eines Fabrikarbeiters. Er konnte nicht selbständig wirtschaften, sondern musste sich vom Gutsverwalter *(fattore)* kontrollieren lassen. So verließen die *mezzadri* massenhaft die Höfe und zogen in die Stadt. In Bayern, Österreich oder Südtirol gab es nie verlassene Bauernhäuser derart billig zu kaufen, obwohl die Landflucht auch dort ausgeprägt ist. Den Bauern dort gehörte Hof und Grund. Sie hielten nach Kräften daran fest und vererbten sie an Kinder, die – auch wenn sie nicht mehr von der Landwirtschaft lebten – doch an dem Eigentum der Vorfahren festhielten und es pflegten. Manche wurden Nebenerwerbslandwirte oder entdeckten den Tourismus. Obwohl auch hier die Zahl der Familien, die von Landarbeit leben, stark abgenommen hat, verlief die Entwicklung ganz anders als in den von Pachtbetrieben geprägten Gegenden.

Das eigene Land, der eigene Garten werden emotional besetzt. Sie übernehmen Affekte, die sich mit frühen Bindungen vergleichen lassen, sie sind ein sicherer Ort. »Das kann mir niemand nehmen, das ist mein!« Wenn Haus und Land einem Großgrundbesitzer gehören, entsteht diese Bindung nicht. Was einem anderen gehört, ist erst einmal kein sicherer Ort.

Karl Marx hat die verhängnisvollen Folgen beschrieben, wenn Produktionsmittel – Fabriken – Einzelnen gehören und von dem Vermehrungszwang des Privateigentums in die Konkurrenz mit anderen Fabriken geschickt werden. In der Theorie war der Gedanke brillant, aus dem Privatkapital Staatseigentum zu machen. In der Praxis hat er versagt. Der Staatssozialismus wirtschaftete an den Gefühlen der Bürger vorbei, er wirtschaftete schlecht, und er ging mit dem Gemeineigentum an Luft, Wasser und Land womöglich noch rücksichtsloser um als der Kapitalismus.

Hardin sieht es als überlebenswichtige Aufgabe für die kulturelle Evolution, Gemeingüter vor Übernutzung zu schützen. Was die Entnahme von Nahrungsmitteln angeht, hat die Menschheit das Privateigentum entwickelt, hat die Nutzung vieler Fischgründe und Jagdreviere geregelt. Es gibt aber noch viele unregulierte Bereiche, in denen mit zerstörerischen Folgen für alle der individuelle Nutzen über das allgemeine Gute triumphiert. Nach wie vor werden die Meere überfischt, werden Gifte und klimaschädliche Stoffe in die Umwelt entlassen, ohne dass wirksame Restriktionen greifen.

Seit Hardins Rede von 1968 ist die Debatte über die »Commons« nicht mehr abgerissen. Wer sich Gedanken über den Untergang des Konsumismus macht, wird sich mit neuen Gemeingütern beschäftigen müssen. Der tödliche Fehler an Bord der gestrandeten *Medusa* war, dass das Schiff *nicht* zum Gemeingut der Menschen an Bord wurde, sondern diese sich den bestehenden Strukturen und damit den Interessen des Gouverneurs und der Offiziere unterwarfen.

Es gab ziellose Rebellionen: Die Soldaten an Bord drohten, das Feuer auf Boote zu eröffnen, die das Schiff ohne sie verlassen würden. Wahrscheinlich war das der Grund für den Gouverneur, zu versprechen, er werde niemanden zurücklassen, und als Symbol für diese Bereitschaft das Unglücksfloß zu entwerfen.

Die Küste war nur 30 Seemeilen entfernt, das Schiff bestens mit Werkzeug und Material ausgerüstet, es gab Boote, die einen Teil der Passagiere transportieren konnten. Aber es misslang, nein, es wurde nicht einmal versucht, die schöpferische Kraft der Menschen an Bord zu nutzen. Und diese waren es überwiegend gewohnt, Befehlen zu gehorchen. Hier hat die Führung versagt, die ein »kollaboratives Arbeiten«, wie es die Allmende erfordert, zur Rettung aller hätte einsetzen können.

Selbstorganisation und Fremdorganisation

Hardins Text hat alle Einseitigkeiten und alle Brillanz einer Bußpredigt. Ein grundlegender Mangel ist das Fehlen jeder Unterscheidung zwischen einem unregulierten Zugang zu den »Commons« und den traditionellen, überall auf der Welt funktionierenden Allmenden, in denen die Nutzer gelernt haben, auf ihr Gemeingut aufzupassen. Je besser die dazu nötigen Regeln von allen angenommen und verinnerlicht werden, desto reibungsloser funktioniert die Nutzung des Gemeindewaldes, der Gemeindeweide oder des Sees, an dessen Ufer die Fischer sich seit Jahrhunderten einig sind, wann mit welchen Netzgrößen gefischt werden darf und wann nicht.

Als 2009 Elinor Ostrom den Nobelpreis für Wirtschaftswissenschaften erhielt, wurde eine Frau geehrt, die seit Jahrzehnten dafür kämpft, die überall auf der Welt funktionierenden Allmenden zu erforschen und von ihnen zu lernen, wie wir die drohenden ökologischen und ökonomischen Katastrophen abwenden können. Ein Psychologe, der sich mit Elinor Ostroms Gedanken beschäftigt, bemerkt überrascht, dass hier im Gebiet der Ökonomie ähnliche Modelle diskutiert werden, wie er sie in der Psychohygiene kennt.

Die meisten Moralisten entwerten spielerisches, ungeregeltes Verhalten als kindisch. Sie stellen ihm das verantwortungsbewusste und autonome Verhalten des Erwachsenen gegenüber, der sich Gesetze gibt und diese von der Justiz überwachen lässt. Sie plädieren bereits für eine Ordnung der Gedanken und rufen bei einem Problem nach dem Gesetzgeber. Hardins Rufe nach Zwang, um die »Commons« zu schützen, entspricht diesem legalistischen Modell ebenso wie seine Metapher vom Bankraub.

Dieses Modell bestimmt die Justiz und die Politik in den meisten zivilisierten Staaten. Es funktioniert aber nur dort, wo es auch angenommen wird – denken wir etwa an die Steuermoral in Griechenland. Und es ist in seinem Glauben an einfache Regeln, die auf jede Situation anwendbar sind, höchst unrealistisch. Menschen sind viel komplexer, sie funktionieren meist weniger rational, als es ihnen juristische Regelwerke unterstellen. Wen Ängste und Depressionen plagen, der hat oft genug gehört, er solle vernünftig sein, sich zusammenreißen, mit mehr Willenskraft ausrüsten, sich benehmen wie ein normaler Mensch. Genutzt hat es nicht das Geringste, es hat seinen Schmerz und sein Gefühl nur vertieft, Außenseiter zu sein.

Eine ähnlich rationalistische Vereinfachung dominiert die ökonomische Theorie. Der Markt und das Privateigentum stehen auf der einen Seite, die staatlichen Gewaltmonopole auf der anderen Seite. Wo das Privateigentum nicht funktioniert (wie bei der Überfischung der Meere, der Pollution der Luft), muss der Staat oder eine Organisation von Staaten wie die UNO eingreifen. Elinor Ostrom nennt dieses Modell entschlossen »ärmlich«. Sie verbindet es mit einer Überspezialisierung und der bedauerlichen Trennung von Politik- und Wirtschaftswissenschaften. Sie führt dazu, »dass in der Politik in der Regel weitreichende Vorschriften gemacht werden, die oft auf sehr stilisierten Vorstellungen über die starke Wirkung von Institutionen beruhen.«[48]

Die gegenwärtige politische Orientierung greift viel zu kurz und polarisiert sich in der falschen Alternative von Staat und Markt. Da plakative Lösungen viel medienwirksamer sind als fehlerfreundliches Probieren, fordern die Ökonomen den Staat überall dort, wo sie bemerken, dass der Markt es nicht regeln kann; umgekehrt setzen die Politikwissenschaftler auf »Privatisierung«, sobald staatliche Institutionen nicht optimal funktionieren. Beide »mogeln sich um die Frage herum, wie konkrete Anreize zu schaffen sind, die die Beiträge und Verantwortungsübernahme der Einzelnen verbessern.«[49]

Elinor Ostrom führt den Gesichtspunkt der strukturellen Anthropologie in die Wirtschaftswissenschaften ein: Wie etwa Claude Lévi-Strauss unermüdlich darauf hingewiesen hat, dass die sogenannten Primitivkulturen alles andere als »unterlegen« sind, fordert auch Ostrom mehr Aufmerksamkeit für die Tatsache, dass indigene Gemeinschaften es verstanden haben, Institutionen auszubilden, die über Jahrhunderte Gemeinressourcen gepflegt und erhalten haben.

Aber es wäre grundfalsch, der kultivierten (im Gegensatz zur überfischten oder überweideten) Allmende einen archaischen und indigenen Charakter zuzuschreiben. Sie ist auch in der Moderne repräsentiert, etwa im Internet und in den dortigen »Commons« (Wikipedia, Linux). Wer eine Eigentumswohnung hat, weiß auch, dass es sich dort sehr viel besser lebt, wenn sich alle um das »Gemeineigentum« kümmern und sich nicht die einzelnen Eigentümer bei einem Verwalter über schwarze Schafe beschweren.

Eine der besten Ideen, trostlose Mietskasernen voller Sozialwohnungen zu beleben, wäre die Überführung in kollektiven Besitz und gemeinschaftliche Verwaltung. Stellen wir uns vermülltes Brachland vor, das von Hochhäusern umgeben ist. Wenn die Stadtverwaltung sich entschließen kann, die Anrainer in den Besitz der Brache einzusetzen und sie in der Suche nach Regeln zu unterstützen, diese gemeinsam zu nutzen, würde es nicht lange dauern, und dort gäbe es Gärten und gemeinsame Feste. Menschen können das, nicht immer, nicht unter allen Umständen, aber die Kraft wurzelt in ihnen und kann geweckt werden.

Mutter Natur und Kind Natur

Es gibt zwei grundlegende affektive Haltungen. Sie spielen eine zentrale Rolle in unserem Umgang mit Dingen und Menschen. Die eine ist die Beziehung zu einer Mutter, die andere die Beziehung zu einem Kind. In der ersten dominiert die Fantasie, dass das Gegenüber sehr viel größer und grenzenloser ist als das eigene Ich, dass es nicht beschützt werden muss, immer beanspruchbar und belastbar ist und es eher darum geht, möglichst viel zu bekommen und einen besseren Zugang zur Mutter zu haben als die Geschwister.

Mütter sind in der primären Fantasie des Kindes nie krank oder schwach. Sie sind unerschöpflich und brauchen keine Rücksicht. Kinder hingegen fordern eine erwachsene Haltung von uns. Wir müssen für sie voraussehen, welche Gefahren ihnen drohen könnten, denn sie tun das selbst nicht. Hast du dein Pausenbrot eingepackt? Bist du warm genug angezogen? In Kinder hinein erweitert sich unsere Vorstellung von Eigennutz: Wir halten unser Vermögen zusammen, um es ihnen zu vererben, wir sorgen für ihre Ausbildung, wir pflanzen Bäume, deren Früchte oder Holz sie ernten werden.

Die Rede von Mutter Natur ist mit der Rede von der Tragik der Allmende identisch. Solange wir die Grenzen der natürlichen Ressourcen nicht wahrhaben, können wir nicht erwachsen werden und erkennen, dass nicht die Erde für uns sorgt, sondern wir für sie sorgen müssen. Die Natur ist keine unerschöpfliche, geduldige, alles ertragende Mutter, sondern sie ist das Kind eines gereiften menschlichen Bewusstseins, wir müssen für sie sorgen. Die Arbeiten von Elinor Ostrom über funktionierende Regelungen von Gemeingütern lesen sich wie Anleitungen zum Bau stabiler Rettungsflöße.

Die Suche nach einer universellen perfekten Lösung ist Teil des Problems, sagt Ostrom immer wieder, als hätte sie sich auch mit dem Floß der *Medusa* beschäftigt, auf dem die durch autoritäre Anordnung »Geretteten« bis zum Gürtel im Wasser standen. Es kommt darauf an, fehlerfreundlich und im Geist des Experimentierens mit Regelungen und Kontrollen herauszufinden, wie Menschen dazu gebracht werden, eine Allmende so zu nutzen, dass sie nicht dem Einzelinteresse und der Rivalität geopfert wird.

Ostrom unterscheidet sich von Hardin durch eine Zurücknahme der Gewissheit, und sei es die der Tragödie. Sie ist an Lösungen interessiert, die differenzierter und eleganter sein sollten als staatliche Verbote, die oft das Chaos vergrößern, weil sich keiner an sie hält. Sie vertraut am meisten den Menschen vor Ort und schlägt vor, ihren Einfallsreichtum und ihre Unternehmungslust zu fördern.

Am schwierigsten ist das angesichts der Ressourcen, die Hardin in seinem Übereifer mit den »Commons« schlechthin identifiziert hat: dem Meer und der Luft. In den Ozeanen der Welt fischen Menschen seit je. Solange sie die Netze nur mit der Kraft ihrer

Arme auswarfen oder Wale harpunierten, schienen die Meere unerschöpflich. Heute ernten schwimmende Fabriken mit Schleppnetzen, aus denen mindestens die Hälfte der Beute als »Beifang« aussortiert wird.

Viele wertvolle Speisefische sind praktisch ausgerottet oder bedroht. Sie werden in Aquafarmen gezüchtet. Dort fressen sie Fischmehl, das in großen Mengen von den Monstertrawlern produziert wird. Um ein Kilo Zuchtlachs herzustellen, werden weit über zwei Kilo Wildfische pelletiert. Die Überfischung der See und die Schädigung der Atmosphäre haben Hardins grimmige Rede von der Tragödie der »Commons« bestätigt.

Ostrom beschäftigt sich eher mit den Ausnahmen, wie den Hummerfischern in Maine, die durch strikte und einfallsreiche gegenseitige Kontrolle inzwischen wieder mehr fangen als vor dem katastrophalen Niedergang der Bestände. Inzwischen ist die Zahl der Fallen begrenzt, die jeder Fischer verwenden kann, die Bootseigner müssen alle immer aus demselben Hafen ausfahren (was die gegenseitige Kontrolle sehr vereinfacht). Überwacht wird die Regelung weniger durch die Polizei als durch die Fischer selbst.

Wie wenig Patentrezepte funktionieren, lässt sich daraus ableiten, dass trotz entsprechender Projekte ein Hummer-Schutzprogramm in der Karibik nicht funktioniert hat.

Ostrom und ihre Schülerinnen und Schüler untersuchen inzwischen weltweit Regelungen für die Nutzer der Allmenden. Sie zeigen eine für die Psychologie der Stabilisierung von Austausch vertraute Gesetzmäßigkeit. Was Ostrom herausgefunden und immer wieder erläutert hat, weist auf überraschende Ähnlichkeiten zwischen funktionierenden Allmenden und funktionierenden Partnerschaften hin.

Eine reife Liebesbeziehung hat sich weitgehend von Idealisierungen, Patentrezepten und naiven Vergleichen befreit. Der Partner wird nicht an einer Norm gemessen, es gibt kein vorgefertigtes Beziehungsmuster, von dessen Anwendung sich ein Paar Glück und

Erfolg verspricht. Im Gegenteil: Solche idealisierten Erwartungen sind für das Gedeihen einer Beziehung gefährlich. Sie gehen beispielsweise davon aus, dass ein Partner »ganz für mich da ist«, und scheitern, wenn eine Schwangerschaft die perfekte Symbiose zerstört.[50] Idealisierte Beziehungsmodelle sind starr. Sie können sich Systemveränderungen nicht anpassen und kippen in Entwertung und Resignation, wenn nicht alles wunschgemäß funktioniert.

Ein zweiter Grundsatz betrifft das, was sich in der Paaranalyse als anthropologisches Vorgehen einem missionarischen gegenüberstellen lässt. Der Anthropologe erforscht eine fremde Kultur, der Missionar will sie der eigenen angleichen und seine angeblich besseren Normen an die Stelle der bisher gültigen setzen.

Wer ein Gemeingut so nutzen will, dass die Ressource nicht zerstört, sondern stabilisiert wird, muss erst einmal *forschen*. Er braucht Informationen, egal ob dieses Gemeingut die Liebe zwischen zwei Menschen oder die Schildkröten sind, die jedes Jahr an einem bestimmten Strand ihre Eier ablegen. Er muss wissen, wie belastbar das System ist, was es stabilisiert und was es entgleisen lässt. Wer von starren Vorstellungen ausgeht, meint schon zu wissen, was er erst herausfinden müsste. Er kann sich den Gegebenheiten vor Ort nicht anpassen, weil er es für unnötig hält, sie zu verstehen. In dem Beispiel von der Ehe, die an der Geburt eines Kindes scheitert, erweist sich die Destruktivität einer starren Norm: Statt sich mit der neuen Realität zu beschäftigen, geraten die Partner in Streit, weil sie den Eindruck haben, nicht mehr so geliebt zu werden, wie es doch vorher der Fall war.

Ostrom wäre ein Fehler nie passiert, den viele prominente Ökologen machen, weil sie unbedingt ihre Sache durchsetzen wollen – und sei es um den Preis einer falschen Voraussage.[51] Sie sammelt in großer Ausdauer und Geduld alle Daten, die präzise Auskunft über die wirtschaftliche Dynamik in dem untersuchten Gebiet geben. Nur wenn diese vorliegen, können wir verstehen, ob ein Regelsystem funktioniert.

Viele Politiker handeln anders, so, wie wir es auch auf der gescheiterten *Medusa* verfolgen können. Sie ersetzen genaue Kenntnis durch Wunschvorstellungen und versuchen, auf dieser Grundlage zu wirtschaften. Wenn sie scheitern, werfen sie das Steuer herum und richten dadurch neuen Schaden an.

Kabeljau war über Jahrhunderte die Grundlage der Fischerei in Labrador und Neufundland. Einheimische Fischer befürchteten den Zusammenbruch der Bestände, aber die zuständige Behörde tröstete: Der Kabeljau vermehre sich kräftig. Plötzlich erkannten die Funktionäre, dass sie sich geirrt hatten. Jetzt verboten sie den Fang ganz. Vorher hatten sie den Fischern nicht zugehört und die Flotte aufgerüstet; jetzt mussten die Fischer für den Fehler der Politik bezahlen. Diese verfehlte Politik führte dazu, dass 40 000 Menschen auf Sozialhilfe angewiesen sind, die vorher vom Fischfang gelebt hatten.[52]

Am englischen Hof wurden Prügelknaben allein zu dem Zweck zusammen mit den Prinzen erzogen, um an deren Stelle Hiebe für Fehler zu bekommen. Der *Whipping Boy* war eine eingeführte Rolle am englischen Hof zur Zeit der Tudor- und Stuart-Monarchien im 15. und 16. Jahrhundert.[53] Wer diesen Brauch für barbarisch hält, sollte einmal darüber nachdenken, wie oft in der Politik die einen den Fehler machen und die anderen die Schläge kassieren. Nicht die kleinen Leute, deren Löhne gekürzt und deren Lebensarbeitszeit verlängert wird, haben die Schulden gemacht, welche den Staat zahlungsunfähig machen.

Was den Kabeljau in Kanada anging: Die Fischer hatten das Unheil kommen sehen, aber die Funktionäre leugneten es. Als es dann nicht mehr zu leugnen war, mussten die Fischer die Zeche für den politischen Fehler zahlen. Hier hinkt das Beispiel der Beziehung zwischen Menschen und zu Ressourcen. Beide gedeihen gewiss besser, wenn Empathie und genaues Hinsehen gelten. Aber während in der Liebe Zechprellerei und erschwindelte Kredite doch die Ausnahme sind, erweckt die Schuldenkrise der Industrieländer einen fatalen Eindruck davon, dass es in der Politik selbstverständlich geworden ist, großmütig die Prügel für die eigenen Fehler abzutreten.

Die Liebesbeziehung lässt sich als kunstvolles, keiner einheitlichen und vorhersehbaren Norm unterworfenes Gebilde beschreiben, in dem die Beteiligten funktionierende Regeln finden, um ihre wechselseitige Befriedigung zu stabilisieren. Eingriffe von außen gefährden dieses System. Liebende müssen ihre Grenzen auch gegen Freunde oder wohlmeinende Verwandte verteidigen, wenn sie nicht wollen, dass ihr Regelsystem zusammenbricht.

Ostrom zitiert ein lehrreiches Beispiel aus der politischen Ökologie. Auf den Schildkröteninseln der Philippinen hatten Ökologen zusammen mit den Fischern das »Pawikan Conservation Project« entwickelt, um zu verhindern, dass hier wie an vielen anderen Orten eine kostbare Ressource menschlicher Gier zum Opfer fiel. Meeresschildkröten legen Eier in den Sand. Wer die Eier sammelt, kann nur dann in den folgenden Jahren mit einem ausreichenden Ertrag rechnen, wenn genügend junge Schildkröten schlüpfen und mit heilem Panzer das Meer erreichen.

Seit Mitte der 1980er Jahre stieg die Zahl der Eier kontinuierlich, ohne dass es zu größeren Streitigkeiten kam. Je mehr die Fischer übrig ließen, desto mehr konnten sie im Folgejahr ernten. Als die Regierung der Philippinen 2001 ein Schutzgesetz erließ, wurde die Jagd auf alle bedrohten Tierarten vollständig verboten. Vergeblich wiesen die Fischer darauf hin, dass sich durch ihre eigene Initiative die Schildkrötenbestände erholt hatten. Die bewährten Regelwerke des Pawikan-Projekts interessierten Politiker nicht, die ihre Karriere darauf bauten, durch demonstratives Gehabe ihr Interesse am Naturschutz zu beweisen.

Die Folge war, dass es kurz nach der Verabschiedung des Gesetzes überhaupt keinen Schutz der Schildkröten mehr gab. Da niemand mehr legal und im Einvernehmen mit den anderen Fischern ernten durfte, regredierte die bisher disziplinierte Gemeinschaft in pure Piraterie. Binnen eines Jahres schwanden die Bestände um 50 Prozent. Das Verbot ließ sich nicht durchsetzen; es gab keine Infrastruktur, welche die lokalen Fischer hätte überwachen können. Aber die Respektlosigkeit des Staates gegenüber ihrer lokalen Regelung hatte immerhin die Macht gehabt, die bisherige Praxis zu korrumpieren.

In der Paaranalyse nennt man diese Form der Regression »Fundmunition«: Ein bisher konstruktiv agierender Partner wird durch das destruktive Agieren seines Gegenübers selbst destruktiv. Als der Staat die Verdienste der Gemeinschaft an dem Projekt ignorierte und sein Misstrauen zum Ausdruck brachte, reagierten die Fischer nach dem Muster des Menschen, der zum Verbrecher wird, weil ihn alle als solchen verdächtigen: Da habt ihr sie, die Bosheit, die ihr mir unterstellt![54]

Solche Regressionen in längst überwunden geglaubte, primitive Muster des Umgangs mit Konflikten sind nicht die Ausnahme, sondern die Regel, wenn die differenzierteren Erfolgserlebnisse einer reifen Beziehungsgestaltung ausbleiben. Aus psychologischer Sicht muss die Frage, weshalb Menschen destruktiv handeln, sozusagen umgedreht werden. Normal und immer verfügbar sind die schnellen Affekte, die dazu verführen, auf Kränkungen hin Rache zu üben und, koste es, was es wolle, den eigenen Vorteil zu sichern.

Im Umgang mit den »Commons« müssen immer Ängste aufgenommen, verstanden und diszipliniert werden, schlechter dazustehen als ein Rivale. Das erfordert ein flexibles, von Empathie bestimmtes Regelwerk. Das Vertrauen in eine gemeinschaftliche Regelung ist schnell zerstört. Gesetze von außen sind nur dort sinnvoll, wo sie von einer großen Mehrheit angenommen oder durch eine effektive Polizei überwacht werden. Aber das genügt nicht, wenn die Mehrheit der Bürger ein solches System nicht mehr akzeptiert. Wie diese Form der Kontrolle ein Gemeinwesen erschöpfen und ausbluten kann, hat der Staatssozialismus gezeigt.

Die Geschichte von den Schildkröteneiern gleicht der vom Untergang der *Medusa*: Wenn die Autoritäten, von denen man sich bisher beschützt glaubte, mich verraten und verlassen, lässt sich eine Gruppe kaum mehr zusammenhalten. Gegen diese Gefahr schützt sich am besten, wer von Anfang an mit ihr rechnet. Ostrom ersetzt den Lenin (fälschlich) zugeschriebenen Spruch »Vertrauen ist gut, Kontrolle ist besser« durch: »Vertrauen ist gut, Kontrolle desgleichen!«

Die Allmende kann nur funktionieren, wenn die Nutzung geregelt wird. Diese Regeln funktionieren nur, wenn eine robuste Mehrheit der Nutzer von ihrem Sinn überzeugt ist, sie einhält und so stolz auf dieses Einhalten ist, dass eine wechselseitige Kontrolle der Nutzer das Selbstgefühl der Einzelnen nicht schwächt, sondern stärkt. Es ist ein Ammenmärchen, dass jene Beziehungen am besten gedeihen, in denen es nur Vertrauen gibt und keine Kontrolle. Die menschliche Bereitschaft zur Regression schläft nie und endet erst mit unserem Tod. Bis dahin muss die Qualität einer reifen Beziehung, wie Empathie in die Eigentümlichkeit des Gegenübers, Respekt und Kontrolle über primitive Affekte, nicht allein durch Selbstdisziplin, sondern auch durch die Bereitschaft aufrechterhalten werden, derartige Regressionen beim Partner nicht zu dulden.

Wer sich unter dem Deckmantel einer vertrauensvollen, alles verzeihenden und darum »wahren« Liebe missbrauchen, misshandeln oder ausnutzen lässt, tut nicht nur sich selbst keinen Gefallen, sondern schadet auch seinem Partner. Dieser wird in seiner Selbstdisziplin geschwächt und verliert den Kontakt zur Realität. Verwöhnung zerstört den Realitätsbezug. In diesem Punkt unterscheidet sich die kleine Fantasie in Freundschaft und Liebe, man könne nehmen, ohne zu geben, nicht von der schwimmenden Fischfabrik auf den Weltmeeren und der »Führung«, egal wo, ob auf der *Medusa* oder in der Politik. In allen Fällen wird der langfristige Gewinn dem kurzfristigen geopfert.

Das Versagen autoritärer Lösungen

Kapitalistische Strukturen sind ebenso unfähig wie sozialistische, mit dem Allmendeproblem umzugehen. Dem Kapitalismus ist diese Unfähigkeit quasi angeboren. Wer sich an der Maximierung seines kurzfristigen Gewinns orientieren muss, weil er sonst vom Markt verdrängt wird, kann nicht nachhaltig wirtschaften. Er wird versuchen, den Fischtrawler auf maximale Fangleistung zu programmieren, um dafür zu sorgen, dass seine Investition abgeschrieben ist, *bevor* die Bestände zusammenbrechen.

Kapitalisten können von Verantwortung immer nur reden, aber sie können sie nicht praktizieren. Andererseits sind Kapitalisten auch Menschen, die sich in Gruppen organisieren und nach Regeln suchen. Weil der Markt viele Freiräume schafft, hat sich im Kapitalismus ein viel bunteres Bild ergeben, als es der dialektische Materialismus wahrhaben wollte.

Wenn der »real existierende« Sozialismus eher noch weniger Nachhaltigkeit erreichen konnte, liegt das auch an der Konkurrenz zum Kapitalismus, die einen destruktiven Wettlauf der Systeme einleitete. Marx lässt sich so lesen, als habe er Patentrezepte. Wer die richtige Ideologie vertritt, kann weder menschliche noch ökonomische Fehler machen. Fehler werden dann nicht als Anstoß genommen, die Krise eines Systems zu verstehen und es zu verändern. Unzufriedenheit weckt keine Kreativität, sondern wird unterdrückt. Das führt zu einem Polizeistaat, der die Menschen nicht mehr überzeugen und einbinden kann.

Die Geschichte der *Medusa* lehrt, wie gefährlich autoritäre Strukturen sind. Es gelang der Führung nicht, die Menschen an Bord dabei zu unterstützen, ihre Fähigkeiten für eine Rettungsaktion zu koordinieren. Stattdessen brach ein Streit aus, der den Realitätsbezug erfahrener Seeleute schwächte und die aberwitzige Konstruktion des Floßes als »Lösung« entwickelte.

Aber so verzweifelt die Fahrt auf dem Floß begann und so grausam sie endete, sie ist doch ein Zeichen dafür, dass auch in extremen Situationen nicht alle sozialen Strukturen zerfallen, jede Kooperation verschwindet und der Mensch zum reißenden Tier wird. Die beiden Anführer der Überlebenden fühlten sich jeweils für eine Gruppe verantwortlich und konnten diese so gut organisieren, dass die chaotischen Impulse Verzweifelter, das Floß zu zerstören und gemeinsam zu sterben, aufgehalten wurden. Sie entdeckten das von Lüge und Verrat belastete Floß der *Medusa* als gemeinsames Eigentum, als alles, was zwischen ihnen und dem Tod im Ozean stand. Daher suchten sie dieses Floß zu bewahren, so gut es möglich war. Sie ließen es erst treiben, als sie ein besseres Gefährt gefunden hatten.

Ostrom hatte ihre Forschungen in den sechziger Jahren begonnen und 1965 ihre Ergebnisse über das Grundwassermanagement in Los Angeles als Doktorarbeit veröffentlicht.[55] Wasser wird als Ressource immer wichtiger – und in Meeresnähe kann es geschehen, dass ein allzu gieriges Pumpen aus immer tieferen Brunnen dazu führt, dass Meerwasser eindringt und das Grundwasser kontaminiert. Ist das einmal geschehen, sind die Schäden immens. Pflanzen gehen ein, Wasserwerke müssen stillgelegt werden.

Ostrom fand heraus, dass zentralistische Lösungen nach dem Motto »Wo der Kapitalismus versagt, muss der Staat eingreifen« nicht nur teurer, sondern auch weniger effektiv sind als polyzentrische Organisationen, in denen die Nutzer sich gegenseitig genau kennen und wissen, wie sie sich überwachen können, um die gemeinsame Ressource nicht mit katastrophalen Folgen zu übernutzen.[56]

Immer wieder hat sich die Überlegenheit lokaler, von den Nutzern getragener Netzwerke über staatliche Regulierungen nachweisen lassen. Ein weiteres Beispiel Ostroms ist Nepal, wo die von den Bauern mit einfachen Mitteln selbst gebauten Bewässerungssysteme wirksamer und besser gepflegt sind als die aufwendig von Ingenieuren aus Stahlbeton konstruierten und vom Staat verwalteten. Noch ein Beispiel wären »Bürgerwindparks«, in denen sich Bürger einer Gemeinde an den Erträgen aus der »grünen Energie« gemeinsam beteiligen. Diese Windparks haben eine wesentlich größere Zustimmungsrate als Windparks, die nur wenige anonyme Betreiber reich machen und den Anwohnern Wertverluste ihres Eigentums bescheren.

Als Karl Menninger in den fünfziger Jahren begann, die amerikanische Psychiatrie zu reformieren, und die bisher als Verwahranstalten gedachten Nervenkrankenhäuser in dynamische therapeutische Einrichtungen umwandelte, war einer seiner Merksätze: *Brains before bricks.* Reformen müssen sich in Gehirnen verankern, ehe Gebäude errichtet werden. Nichts ist gefährlicher für Selbstorganisation als die Möglichkeit, Verantwortung nach außen, in eine eindrucksvolle Struktur zu delegieren und davon auszugehen, dass diese es richten werde.

Die ausgeklügelten, auf dem Reißbrett konstruierten, in Beton gegossenen und von Behörden verwalteten Bewässerungsanlagen werden von den Nutzern sozusagen als Mutter erlebt, die zu groß und übermächtig ist, um Eigeninitiative zu dulden, ja zu fordern. Hingegen waren die selbst gebauten, von ihnen oder ihresgleichen entworfenen Anlagen für die nepalesischen Bauern wie Kinder, die mit entsprechend viel Liebe und Aufmerksamkeit gepflegt werden.[57]

Bewässerungssysteme sind für viele Entwicklungsländer die einzige Chance, dem Hunger zu entkommen. Aber viele Projekte funktionieren nicht, weil sich zwar Dämme und Kanäle genau planen und bauen lassen, nicht aber die lokalen Netzwerke der Landwirte und die Regelwerke, ohne die weder die Verteilung der Ressource noch ihre Wartung wirklich in die Hände der Nutzer gelegt werden kann. Der menschliche Faktor steht nicht im Lehrplan der Techniker. In der Entwicklungspolitik wird viel Schaden durch Politiker angerichtet, welche sich am besten mit den ebenso macht- und karriereorientierten Politikern eines Landes der Dritten Welt verstehen. Unter dem Deckmantel einer Unterstützung der Bevölkerung fließt dann Geld, das in erster Linie politische Karrieren fördert.

Es muss sich für die Planer lohnen, mit den Nutzern zusammenzuarbeiten und nur das zu bauen, was durch eine soziale Infrastruktur getragen ist. Regeln über Gemeingüter sind nur sinnvoll, wenn die Betroffenen sie nachvollziehen können und erleben, dass sich die meisten anderen Nutzer an sie halten, während Regelverletzungen bestraft werden. »Die richtige Motivation für Bauern, Dorfbewohner und Projektmitarbeiter oder Funktionäre ist für die langfristige Stabilität eines Systems wichtiger als die Gestalt und Weiterentwicklung der physischen Aspekte eines Projekts.«[58] *Brains before bricks.*

Gärten und Städte

Kaum ein Stadtgarten ist in den letzten Jahrzehnten so bewundert worden wie die High Line in New York. Ihre Geschichte reicht zurück in die 1930er Jahre, als in dem New Yorker Industriegebiet der West Side der wachsende Verkehr mit vielen Kreuzungen von Schiene und Straße so viele Unfälle verursachte, dass eine Zeit lang jedem Zug Männer in einer Art Cowboy-Uniform mit Hut und einer roten Fahne vorausritten. Die endlich als Gemeinschaftsunternehmen von Stadt und Eisenbahngesellschaft gebaute Hochbahn für den Güterverkehr war 13 Meilen lang, machte 105 Bahnübergänge überflüssig und kostete damals 150 Millionen Dollar. Sie wurde bis in die fünfziger Jahre intensiv genutzt. Milch, Fleisch und andere landwirtschaftliche Produkte konnten kreuzungsfrei direkt in die Fabriken transportiert werden.

Der Boom des Lkw-Verkehrs schwächte in den USA noch sehr viel stärker als in Europa das Verkehrsaufkommen auf der Schiene. 1980 rollten die letzten drei Güterwaggons über die High Line, sie brachten tiefgefrorene Truthähne. Die Gleise rosteten, die Anlage wäre verfallen oder abgerissen worden, wenn sich nicht 1999 Bürger in der Nachbarschaft organisiert hätten.

Die Gruppe nannte sich »Freunde der High Line«. Sie wollte die Eisenbahntrasse als öffentlichen Raum nutzen, ließ nicht locker, gewann immer mehr Anhänger und 2002 die Unterstützung der Stadt. 2003 wurde ein Wettbewerb ausgeschrieben, den das Architekturbüro Diller, Sconfidio und Renfro neben den Landschaftsarchitekten James Corner Field Operations gewann. In wenigen Jahren wurde aus den verkommenen Gleisen ein attraktiver Park, der die West Side begeisterte. Das *New York Magazine* machte ihn zum Coverthema, er tauchte in Filmen und Fernsehserien auf und hat die verkommene Gegend entlang der früheren Bahn so aufgewertet, dass Bauprojekte wie Pilze nach dem Sommerregen an beiden Seiten des früheren Schienenwegs gedeihen.

Solche Projekte sind beispielhaft. Sie funktionieren seit der Wirtschafts- und Schuldenkrise besonders gut. In den Industrieländern gibt es durch die Auslagerung von Betrieben in Billigländer und durch den beginnenden Bevölkerungsrückgang immer mehr Areale, die sich für eine Rückeroberung als Allmenden anbieten. Die Großstädter sparen sich die Zeit und Energie, ins Grüne zu fliehen; sie gestalten sich die leeren, ungenutzten Räume der Metropolen grün wie Marco Clausen und Robert Shaw, die im Prinzessinnengarten in Berlin-Kreuzberg Kartoffeln in Reissäcken ziehen und Salat in kleinen Containern.

Diese Bewegung knüpft an Traditionen an, die lange Zeit als Gipfel des Spießertums galten: die städtischen Kleingärten, manchmal nach einem ihrer Theoretiker auch »Schrebergärten« genannt, obwohl sie nicht von dem Kinderarzt und Reformpädagogen Moritz Schreber geschaffen, sondern nur nach ihm benannt wurden. In Europa ist Deutschland das Land mit den meisten Mitgliedern von Kleingartenvereinen (eine Million), gefolgt von Polen.

Die Kleingartenbewegung zeigte seit der Mitte des 19. Jahrhunderts, dass die Verstädterung Gegenkräfte auf den Plan ruft, die ungesunden Lebensbedingungen und Ernährungsweisen auszugleichen. Das gilt bis heute. Die Arbeit der Stiftung ertomis für interkulturelle Gärten wurde schon erwähnt; gegenwärtig erscheinen Bücher wie *My Green City. Back to Nature with Attitude and Style.*[59]

Der Schrebergarten entstand aus der Arbeit von Schulvereinen, welche für die Kinder Turnplätze anlegten. Am Rand der Spielplätze sollten die Kinder in kleinen Beeten den Kontakt zur Natur gewinnen – und wie es manchmal ist mit Kinderspielzeug: Die Eltern hatten mehr und tiefer wurzelnden Spaß an den Beeten, bauten sich Lauben dazu, gründeten Vereine und setzten durch, dass die Stadtverwaltungen sie unterstützte. Es war ein Stück Rückeroberung. *Urban Gardening* und *Guerilla Gardening* sind benigne Freiheitsbewegungen, in denen verkommenes, müllbedecktes Brachland durch Unternehmungs- und Gestaltungslust schöner und nützlicher wird.

Richard Reynolds hat sein Manifest über Guerilla Gardening 2004 veröffentlicht; die deutsche Übersetzung erschien 2009. Wenn Tulpen, Radieschen oder Kürbisse einen Kleinkrieg gegen den Müll auf öffentlichem Grund beginnen, gedeiht mit ihnen ein neues Verständnis für die Dinge, die allen gehören und für die sich niemand verantwortlich fühlt. In dem Augenblick, wo Menschen anfangen, das Eigentum »ihrer« Stadt auch als ihr eigenes zu betrachten, wird die Gemeinschaft vom versorgenden Moloch zum schützenswerten pflegebedürftigen Kind. Wer sein eigenes Gemüse anpflanzt und von selbst gezogenen Tomaten kostet, findet neue Möglichkeiten, sich mit der Lebensmittelindustrie auseinanderzusetzen.

In den reichen Ländern ist das eine bizarre Initiative, die gar nicht selten durch ihren eigenen Erfolg gefährdet ist. Nicht nur, dass der Gemeinschaftsgarten kleiner ist als die Mietskaserne neben ihm: Die Lebensdauer des Projektes ist so lange ungewiss, wie Behörden und Polizei nicht eingebunden sind, es zu beschützen. Wenn ungepflegte Brachen plötzlich charmant werden, reizt das auch Investoren, die bisher einem Ort nichts abgewinnen konnten. Die Gemeinschaftsnutzung wird zur Zwischenlösung. Aber sie hinterlässt Spuren.

Die Soziologin Christa Müller, eine Expertin für solche Initiativen, verbindet den Geist des Urban Gardening mit dem wichtigsten Beispiel der »Commons« im 21. Jahrhundert: dem Internet und seinen Initiativen, Wissen und Technik gemeinschaftlich zu erarbeiten und für alle Nutzer kostenfrei verfügbar zu halten. Wikipedia und Linux-Programme werden von vielen Nutzern gepflegt und stehen allen zur Verfügung. Das Allgemeinwissen unserer Epoche sammelt sich nicht mehr in teuren Lexika. Es gehört allen und keinem. Die digitale Welt wirkt auf die analoge: Sie hat die Enzyklopädien ins Antiquariat geschickt, aber auch eine internationale Gemeinschaft geschaffen, die zwischen New York und Berlin Saatgut und Tipps zum Umgang mit Unkraut austauscht.

Die urbanen und interkulturellen Gärten sind in den reichen Ländern ein zukunftsweisendes, aber vor allem symbolisches Projekt. Sie üben Fertigkeiten, die für den Bau tragfähiger Flöße wichtig sind, spielen aber keine nennenswerte wirtschaftliche Rolle. Aber unter dem Druck von Not können städtische Nutzgärten sehr schnell entstehen. Das wichtigste Beispiel dafür ist Havanna in Kuba.[60]

Der Inselstaat hatte während des Castro-Regimes viele der Fehler einer rigiden Planwirtschaft übernommen. Staatsbetriebe produzierten Zucker, den die Sowjetunion zu Preisen über dem Weltmarktniveau kaufte, um das Bruderland zu unterstützen. Durch den Kollaps der Sowjetunion verlor Kuba 1990 seine ökonomische Basis. Von einem Jahr auf das nächste schrumpften die Exportmöglichkeiten um 80 Prozent. Die Landwirtschaft hatte sich von Lieferungen aus Russland abhängig gemacht – Chemiedünger, Pestizide, Maschinen, Öl.

Der kubanische Zusammenbruch ist (ähnlich dem nordkoreanischen) ein Lehrbeispiel, wie begrenzt die Möglichkeiten großer

Strukturen sind, auf Veränderungen zu reagieren. Mäuse überleben eine Klimakatastrophe eher als Elefanten, Eidechsen haben bessere Chancen als Dinosaurier. Als die Ernte auf den Feldern verrottete, weil es keinen Treibstoff für die Mähdrescher made in UdSSR gab, gab es keine Alternative mehr, den falschen Fortschritt zurückzudrehen und das alte Prinzip der kleinteiligen (Selbst-)Versorgung wiederzuentdecken.

Der Maschinenpark rostet heute ebenso wie die Fischtrawler an den Küsten des Schwarzen Meers. Aber während sich die Fischschwärme bisher nicht erholt haben, ist Kuba inzwischen ein Lehrbeispiel für das Wirtschaften nach dem Zusammenbruch des Konsumismus. Wer keinen Vorgarten hat, begrünt Dächer und Balkone, züchtet Keimlinge in Yoghurtbechern und pflanzt sie in Sackbeete.[61]

Vor allem in der von über zwei Millionen Menschen bewohnten Hauptstadt Havanna drohte Hunger. Die USA verstärkten ihre Bemühungen, das Regime durch ein Embargo zu schwächen. Unter diesem Druck entwickelte sich in Kuba ein beispielhaftes System des gemeinschaftlichen Gärtnerns, das – aus Mangel an Kunstdünger – auch die biologischen Anbauformen neu entdeckte. Zahlreiche Schulgärten wurden angelegt, überall gab es Unterricht in Kompostierung und der Anlage von Hügelbeeten. Heute gibt es mehr als 26 000 Gemeinschaftsgärten *(huertos populares)*. 2004 produzierte Havanna den Eigenbedarf an Gemüse. Statt auszuhungern, wurde die Stadt ein Vorbild für das postfossile Zeitalter. Heute entwickelt Kuba seine eigenen Zertifikate für kunstdünger- und pestizidfreie Produkte, die auch an Touristen verkauft werden.[62]

David Montgomery, von Haus aus Sozialgeograf, hat aus dieser Erfolgsgeschichte die These abgeleitet, dass die industrielle Landwirtschaft die Weltbevölkerung nicht ernähren kann, eine postindustrielle aber wohl, die kleinteilig ohne Kunstdünger, Energievergeudung und Pestizide arbeitet.[63] Zu ähnlichen Einsichten kommt der *Weltagrarbericht* der Vereinten Nationen aus dem Jahr

2010: Eine nachhaltige Lebensmittelversorgung kann nur in eben den kleinbäuerlichen Strukturen gesichert werden, die heute noch vielfach durch neokolonialistischen Landraub zerstört werden.

Die großtechnische Ausbeutung der Ressourcen kann eine Durchschlagskraft entwickeln, gegen die nachhaltiges Wirtschaften auf den ersten Blick chancenlos ist. Die Konkurrenz mit einem Auto geht für den Radfahrer so lange schlecht aus, wie der Automotor läuft. Und wenn es kein Benzin mehr gibt, muss der Radfahrer sehr darauf achten, dass der Autofahrer zu Fuß geht und nicht er.

Kleinbauern können keine so schlagkräftige und eindrucksvolle politische Macht aufbauen, wie das große Konzerne vermögen. Sie leben oft von der Hand in den Mund. Sie haben keine Lobby und keine Erfahrung damit, Politiker zu bestechen. Erst wenn die Großtechnik nicht mehr funktioniert, gewinnen sie eine echte Chance. Sie werden wieder zum Vorbild. Dann sind ihr Wissen und ihre Fertigkeiten plötzlich wieder gefragt: mit der Sense zu mähen, ein Huhn zu schlachten, einen Obstbaum zu pflegen, Bohnen zu säen, Vorräte anzulegen und Saatgut zu gewinnen.

Seit er in Städten lebt und sich nicht mehr durch die eigene Tätigkeit versorgen kann, plagt den Menschen eine Art Grundangst, ein Gefühl, dass da etwas nicht ganz in Ordnung ist, dass etwas die Harmonie zwischen ihm und seiner Umgebung stört. Die Rastlosigkeit des Städters und seine Abhängigkeit von der Geldwirtschaft hat Goethe im *Faust* beschäftigt. Hier sind Philemon und Baucis das Gegenbild, die Selbstversorger, die in Frieden leben.

Wie sehr die Autoren in den ersten Dekaden des 19. Jahrhunderts von der wachsenden Macht des Kapitals und der Industrie fasziniert wurden, hat Hans Christoph Binswanger in seiner Analyse von Goethes *Faust* gezeigt. Faust scheitert daran, den Weltgeist zu beschwören und zu verstehen. Er sucht Zuflucht in der Magie. Von Mephistopheles unterstützt, entdeckt Faust das Papiergeld und die Ausbeutung der Natur. »Durch die Reduktion der Welt auf die

Quintessenz des Geldes wird die Welt vermehrbar: Sie wächst mit dem wirtschaftlichen Wachstum.«[64]

Ähnliche Gedanken entfaltet Wilhelm Hauff in dem Kunstmärchen *Das kalte Herz*.[65] Die Faszination durch den Gewinn aus der Ausbeutung anderer kostet die Menschen mehr, als sie wahrhaben wollen. Gefühle, Beziehungen, Empathie werden bedeutungslos. Es geht allein um den Kick des zum Suchtmittel gewordenen Geldes, um die manische Abwehr der Angst, nicht mehr im Reinen zu sein mit sich und einem durch eigene Tätigkeit geformten Leben.

Der Medusa-Fehler

Die emotionalen Folgen der Geldwirtschaft sind das größte Hindernis, wenn es darum geht, den Medusa-Fehler zu vermeiden. Sobald Geld eine Kultur prägt, wird die ursprünglich an die schnellen Affekte (Angst, Lust, Gier) gebundene Neigung des Menschen zur Rivalität zum Dauerthema. Rivalität flackert nicht für kurze Zeit auf und weicht dann wieder langen Zeiten von Ruhe und Muße, sie prägt das »faustische« Lebensgefühl.

Wenn der Pygmäe einen Elefanten erbeutet, kann er durch diesen Erfolg nicht halb Afrika kaufen und einzäunen. Er wird alle seine Freunde und Verwandten und selbst jeden vorbeiziehenden Jäger einladen, gegen die Fäulnis anzuessen.

Nach wenigen Tagen ist er dann wieder wie alle anderen Jäger. Er hat sich hervorgetan, aber sein Privileg löst sich auch wieder auf, es hinterlässt keine materiellen Spuren, nur emotionale. Sobald jedoch Menschen anfangen, dem Geld hinterherzujagen, können sie ihre Beute für sich behalten und Strukturen aufbauen, die ihre Macht und ihren Vorsprung sichern.[66]

Wenn von der Geldwirtschaft geprägte Menschen anfangen, sich angesichts des Scheiterns von Staat und Markt eine Überlebenswelt zu basteln, stehen ihnen ihre Eitelkeiten im Weg. Spielerisch beginnt das schon bei der alternativen Selbstversorgung im blühenden Konsumismus. Wer das Fallobst in dem Baumgarten, der zu dem jüngst bezogenen Haus gehört, nicht verkommen lassen will, wird Marmelade kochen und eine Saftpresse kaufen. Dann muss er nicht nur die Selbstzweifel überwinden, ob es nicht wirtschaftlicher wäre, Zwetschgenmus und Apfelsaft im Supermarkt oder selbst im Bioladen zu kaufen. Schließlich arbeitet er im Beruf für ein Stundenhonorar, das höher ist als der Wert einer ganzen Tagesproduktion! Er ist auch für die Landwirte ein Exot.

»Früher haben wir das auch gemacht«, sagt der Rentner und Austragsbauer, der einen inzwischen stillgelegten Hof drei Häuser weiter bewohnt. »Da hatten wir eine Mostpresse, die gehörte dem Dorf, und wir haben sie im Herbst reihum gefahren. Aber dann gab es den Apfelsaft bei der Edeka für siebzig Pfennig, das war's dann!«

Erst wenn wir lernen, den Weg zum Ziel zu machen, können wir solche Hindernisse überwinden. Es gefährdet auch in sicheren Zeiten das Selbstgefühl, sich allein vom Erfolg abhängig zu machen und nicht in erster Linie nach einer befriedigenden Praxis zu suchen. Wenn mir das Handwerk des Malens oder Schreibens Freude macht, gewinne ich an jedem Tag etwas für mich, an dem ich diese Tätigkeiten ausübe. Wenn ich mich nur am Erfolg orientiere, gehe ich so lange leer aus, wie ich mein Erfolgskriterium nicht erfülle.

Geld für Zeit ist das allgemeinste Erfolgskriterium. Mit Marmeladekochen verdiene ich im einstelligen Bereich, mit Steuerberaten im zwei- bis dreistelligen, ich wäre also arm und blöd, Marmelade zu kochen und nicht Mandanten zu betreuen. Solche Rechnungen lähmen die Flexibilität und kanalisieren das Engagement. Sie bereiten uns nicht darauf vor, dass es auch eine Zeit geben kann, in der die heute so hoch bezahlten Dienstleistungen nicht mehr gefragt sind.

Der vom Spezialistenhonorar zementierte Dünkel, etwas »wirklich« zu können und daher einen Rang zu besitzen, der mich über alle Nichtspezialisten erhebt, bereitet mich nicht auf die Zukunft vor und fördert auch in der Gegenwart eher den Burn-out als die Berufszufriedenheit. Wer sich von seiner Spezialistenrolle distanzieren und darauf verzichten kann, sie feierlich ernst zu nehmen, verarbeitet die Kritik an seinesgleichen leichter und kann seine Freizeit mit Aktivitäten füllen, die den Schaden der Einseitigkeit und die Ängste vor dem Verlust des Spezialistennimbus mildern.

Der Medusa-Fehler ist ein männlicher Fehler insofern, als die männliche Identität oft stärker an Spezialistentum und eine ehrpusselige berufliche Rolle gebunden ist. Männlichkeit und Weiblichkeit sind kulturelle Konstruktionen auf einem biologischen Fundament, aber in der Untersuchung von Individuen in der aktuellen Situation wird deutlich, dass Frauen in der Regel besser mit einem Weihrauchmangel angesichts ihrer beruflichen Erfolge umgehen können. Ihre Schwäche liegt eher darin, dass sie zögern, eine Führungsposition zu besetzen, auch wenn sie diese besser ausfüllen könnten als der ehrgeizige, aber weniger fähige Mann, der sie beansprucht. Frauen orientieren sich nicht so sehr an der Macht; sie wünschen sich oft eher Nähe und Harmonie.

Wer als Spezialist hofiert werden möchte, wenn es darum geht, ein Floß zu bauen, kann damit realistischerweise nur rechnen, wenn er Spezialist in der lange untergegangenen Kunst des Floßbaus ist. Möchte er dennoch ernster genommen werden, als es seine Einsicht und Fertigkeit verdienen, stört er und hält auf. Er kann sich keiner besseren Einsicht fügen, tut eher gar nichts, als seinen Mangel an Geschick offenzulegen, und verbreitet lieber schlechte Stimmung, als eine Gehilfenrolle zu übernehmen.

Wer in Überlebensgruppen mitarbeitet, muss lernen, mit solchen Kränkungen umzugehen und sie zu mildern. Eine wichtige Technik dabei ist es, Kritik mit Anerkennung zu verknüpfen und das geschwächte Ego erst aufzubauen, ehe ihm Einsicht zugemutet wird.

Die Situation nach dem Zusammenbruch des Konsumismus kann sich nur sehr begrenzt an den Beispielen von Krieg, Nachkriegszeit, Flucht und Vertreibung orientieren, die in vielen europäischen Familien als verschüttete oder überwucherte Traditionen überleben. Zum ersten Mal in der Geschichte wird ein globales Überflusssystem schrittweise zusammenbrechen. Es wird für den Einzelnen ebenso wie für lokale Gruppen begrenzte Spielräume geben, sich darauf einzustellen. Aber ein System unter Stress verliert an Flexibilität.

Die *Medusa* wurde mitten in dem Entscheidungsprozess, was über Bord geworfen werden müsse, um dem Schiff so viel Auftrieb zu geben, dass es mit der Ankerwinde freigewarpt werden könne, von einem Sturm heimgesucht. Ein manövrierfähiges Schiff kann Stürme abwettern, ein festsitzendes wird von den Wellen zerschlagen.

Dieser Gesichtspunkt sollte alle ermutigen, die angesichts der scheinbaren Bedeutungslosigkeit ihrer Vorbereitungen verzagen. Wer in der Verschwendungsgesellschaft nachhaltig leben will, muss sich nicht nur mit den Versuchen des Konsumismus herumschlagen, die Jutetasche im Supermarkt oder das 300-PS-Auto mit Start-Stopp-Automatik unter diesem Etikett zu vermarkten. Er begegnet täglich der Wirkungslosigkeit seines Verhaltens. Daher finde ich auch moralischen Druck, auf Autofahrten oder Flugreisen zu verzichten, nicht angebracht. Wer das gerne und freiwillig tut, ist kein besserer Mensch, er ist nur besser auf eine Zukunft vorbereitet, in der die meisten Menschen unter Zwang aufgeben müssen, was er heute schon freiwillig entbehren lernt.

In der Fabel von der Ameise und der Grille schickt die Ameise, weil sie mühsam Vorräte angelegt hat, die Grille in den Hungertod, weil diese den Sommer über sorglos musizierte. Da die Welt ohne Grillen ärmer wird, handelt die Ameise gegen ihre Interessen. Sie sollte lieber versuchen, ihre Vorräte mit der Grille zu teilen. Die im Konsumismus gewachsenen Ansprüche machen uns arm, wenn wir beginnen, eine manische Abwehr um defensiven Luxus herum aufzubauen. Dann geht die Unterscheidung zwischen freiwilligem

Verzicht auf Verschwendung und aufgezwungener Not verloren. Je früher und überzeugender wir die realen Grenzen unseres Planeten wieder zur Grundlage unserer Lebenspläne machen, desto sinnvoller werden wir mit den Allmenden umgehen können.

Es ist unmöglich, die Geschichte der *Medusa* zu lesen, ohne sich zu vergegenwärtigen, dass viele, die heute Politik machen, geradeso handeln würden wie die Schiffsoffiziere dort. Aus diesem Grund muss die Geschichte von dem Schiff auf der Sandbank noch eine Weile erzählt werden. Sie kann nicht nur unsere Wachsamkeit gegen einen gefährlichen Kurs schärfen, sondern auch einen lebensrettenden Zweifel aufbauen. Er hilft uns, verlässliche Gruppen zu finden und das blinde Vertrauen in die Voraussicht der Mächtigen abzulegen.

Anmerkungen

1 Jean-Baptiste Henri Savigny / Alexandre Corréard: *Der Schiffbruch der Fregatte »Medusa«. Ein dokumentarischer Roman aus dem Jahr 1818.* Berlin (Matthes & Seitz) 2005. Mit einem Nachwort von Johannes Zeilinger

2 Jonathan Miles: *The wreck of the Medusa.* New York (Grove Press) 2007

3 Primo Levi: *Se questo è un uomo.* 1947, Neuausgabe 1958 (dt.: *Ist das ein Mensch?*, übers. v. Heinz Riedt, Frankfurt/M. [Fischer] 1961; Neuausgabe Hanser 1987, dtv 1992)

4 Wolfgang Schmidbauer: *Im Körper zuhause. Alternativen für die Psychotherapie.* Frankfurt (S. Fischer) 1983

5 Thomas Hobbes (1588–1679), vielleicht der radikalste Philosoph des beginnenden bürgerlichen Zeitalters, hat als Erster den Zusammenhang zwischen der menschlichen Natur und den Grundlagen der Politik verfolgt. Sein Hauptwerk, *Leviathan, or the Matter, Form and Power of a Commonwealth, Ecclesiastical and Civic,* trägt auf dem Frontispiz eine Landschaft mit einer Stadt, über der ein gekrönter Riese thront, dessen Körper aus Menschenleibern zusammengesetzt ist. Die erste deutsche Übersetzung des *Leviathan* erschien 1794 in Halle.

6 Karl May lässt einen solchen Gauner bereits um 1870 sagen: »Man spricht nicht mehr von Räubern, sondern von Patrioten. Das Handwerk hat den politischen Turban aufgesetzt. Wer nach dem Besitz anderer trachtet, der gibt an, sein Volk frei und unabhängig machen zu wollen.« K. May: *Der Schut.* Bamberg (Karl-May-Verlag) 1962, S. 129

7 Dieses Kapitel beruht weitgehend auf der Bearbeitung eines Beitrags in Harald Pühl / Wolfgang Schmidbauer (Hrsg.): *Eventkultur.* Berlin (Leutner) 2007.

8 Theodor W. Adorno: *Ohne Leitbild. Parva Aesthetica.* Frankfurt am Main (Fischer) 1968. Der Begriff der Kulturindustrie entstand früher, in Adorno / Horkheimer: *Dialektik der Aufklärung*, dessen erste Fassung bereits 1944 erschien.

9 Charles Perrow: *Normale Katastrophen. Die unvermeidlichen Risiken der Großtechnik.* Mit einem Vorwort von Klaus Traube. Frankfurt (Campus) 1988

10 N. Tinbergen: *The Herring Gull's World.* London (Collins) 1963

11 John Seymour: *Vergessene Künste. Bilder vom alten Handwerk.* Ravensburg (Otto Maier) 1984, S. 8

12 Ebd., S. 9. Seymour schließt einige Seiten später: »Ob die Menschheit einfach genug bekommt von der langweiligen, niedrigen Arbeit, bei der häßliche, überflüssige Produkte entstehen, oder ob die Beschränkungen, die uns die schwindenden Rohstoffvorräte unseres Planeten auferlegen, die Lemmingwanderung zur Klippenkante stoppen – wenn die Menschheit auf irgendeiner Stufe echter Zivilisation überleben wird, wird der Handwerker wieder triumphieren.« Seymour, a. a. O., S. 15

13 R. Lee / I. DeVore (Hrsg.): *Man the Hunter*, Chicago 1969

14 S. Freud: »Zur Einführung des Narzissmus«, in: *Gesammelte Werke*, Bd. X, Frankfurt (Fischer) 1946, S. 137 f., u. H. Kohut: *Narzißmus. Eine Theorie der psychoanalytischen Behandlung narzisstischer Persönlichkeitsstörungen.* Frankfurt (Suhrkamp) 1973

15 Als ich nach einem Titel für die Taschenbuchausgabe des 1972 erschienenen *Homo consumens – Der Kult des Überflusses* suchte, kam ich auf »Weniger ist mehr«. Es gab aber bereits ein Buch über einfaches Kochen mit diesem Titel, so dass *Weniger ist manchmal mehr – Zur Psychologie des Konsumverzichts* daraus wurde. Reinbek (Rowohlt) 1992

16 »Tages Arbeit! Abends Gäste! Saure Wochen! Frohe Feste!« aus J. W. von Goethe: »Der Schatzgräber«, in: Büchmann: *Geflügelte Worte*, S. 45 / 46, Ausg. Berlin (Paschke) 1926

17 Ch. Lasch: *Das Zeitalter des Narzissmus.* München (C. Bertelsmann) 1982, S. 150 f.

18 G. A. Almond et al. (Hrsg.): *Progress and its Discontents.* Berkeley (University of California Press) 1982, S. X

19 Max Weber: *Wissenschaft als Beruf* (1919), in M. Weber: *Gesammelte Aufsätze zur Wissenschaftslehre.* Hrsg. von J. Winckelmann, 3. Aufl., Tübingen (Mohr) 1968

20 Sigmund Freud: *Das Unbehagen in der Kultur.* Erstauflage Leipzig (Int. Psychoanalytischer Verlag) 1930. *Gesammelte Werke*, Bd. XIV, S. 421 f.

21 Ferdinand Tönnies: *Gemeinschaft und Gesellschaft.* Darmstadt (Wissenschaftliche Buchgesellschaft) 1963

22 Walt Rostow: *The Stages of Economic Growth: A Non-Communist-Manifesto.* Cambridge (Cambridge University Press) 1960

23 Max Horkheimer / Theodor W. Adorno: *Dialektik der Aufklärung. Philosophische Fragmente.* Frankfurt (Fischer) 1969

24 Oswald Spengler: *Der Untergang des Abendlandes. Umrisse einer Morphologie der Weltgeschichte.* München (Beck) 1929. Das Buch war bereits 1912 weitgehend vollendet; die Erstausgabe erschien dann 1917.

25 Claude Lévi-Strauss: *Strukturale Anthropologie.* Frankfurt (Suhrkamp) 1967

26 Sigmund Freud: »Die Widerstände gegen die Psychoanalyse«, in: *Imago*, Bd. XI, 1925, nach einer Veröffentlichung in französischer Sprache in *La Revue Juive*, Paris, März 1925. Gesammelte Werke, Bd. XIV, S. 99 f.

27 Gregory Bateson: *Ökologie des Geistes.* Frankfurt (Suhrkamp) 1983

28 Marshal D. Sahlins: *Culture and Practical Reason.* Chicago (University Press) 1976

29 Zwischen 1986 und 1989 schenkte der amerikanische Geheimdienst den afghanischen Widerstandskämpfern rund 1000 Stingers: tragbare Waffen mit hochentwickelten Computerchips und einem wärmeempfindlichen Suchkopf. Diese Lieferung entschied den Krieg. Binnen weniger Monate verloren die sowjetischen Besatzungstruppen fast 300 Flugzeuge und Hubschrauber.

Nach einer wie immer, wenn es um die CIA geht, unbestätigten, aber gut belegten Nachricht hat der amerikanische Präsident 1993 eine hohe Summe (über 50 Millionen Dollar) beim Kongress beantragt, um die geschenkten Raketen zurückzukaufen. Ihr Preis ist inzwischen so gestiegen, wie man es sonst nur bei Sammlerstücken kennt: Die Besitzer verlangen das Vierfache des Einkaufspreises, der zwischen 25 000 und 35 000 Dollar liegt. Nachdem der einigende Feind verschwunden ist, fallen die Freiheitskämpfer übereinander her. Kabul erleidet das Schicksal Beiruts oder Mogadischus. Nicht die Mitverantwortung an diesen Zerstörungen ist es, die den amerikanischen Geheimdienst mobilisiert, sondern die Angst, die Wunderwaffen könnten sich als Bumerang erweisen.

Es gibt genügend von US-Beratern ausgebildete junge Krieger, die das in einem handlichen Koffer transportierte Gerät zusammensetzen und abfeuern können. Sie müssen sich nur noch an den Rand eines Flughafens setzen, der für sie logistisch geeignet ist und von »feindlichen« Jumbos – israelischen oder amerikanischen – angeflogen wird. Es gibt kaum Möglichkeiten zu verhindern, dass ein solches Flugzeug von einer Rakete getroffen wird, die mit Überschallgeschwindigkeit ihren hitzesuchenden Sprengkopf in eines der Triebwerke lenkt.

30 Albert Schweitzer ist insofern eine komplexere Gestalt, als er auch die Heilung der von den europäischen Ausbeutern importierten Krankheiten als Teil seiner Mission definierte. Leider hat er seine Motive immer eher verschleiert als aufgedeckt. Es spricht aber manches dafür, dass er – ähnlich wie Karl May – von den »Primitiven« fasziniert war, zu denen er als Helfer und Heiler Kontakt suchte. Seine dünkelhafte Sicht auf die Kultur der Eingeborenen ist ihm nicht vorzuwerfen, sie war unter Europäern und vor allem unter Missionaren selbstverständlich.

31 Veröffentlicht unter dem Titel *Die einfachen Dinge* im April 2003 bei dtv in München. Eine Neuauflage unter dem Titel *Dumme Dinge. Über blöden Komfort und intelligente Askese* ist geplant.

32 LOHAS ist ein Akronym aus *Lifestyle of Health and Sustainability.*

33 Kathrin Hartmann: *Ende der Märchenstunde. Wie die Industrie die Lohas und Lifestyle-Ökos vereinnahmt.* München (Blessing) 2009

34 Wolfgang Schmidbauer: *Homo consumens. Der Kult des Überflusses.* Stuttgart (Deutsche Verlags-Anstalt) 1972. 1984 und später als Taschenbuch unter dem Titel *Weniger ist manchmal mehr. Zur Psychologie des Konsumverzichts* neu aufgelegt.

35 Wie tief diese Fantasien schon eingesickert sind, belegt eine Äußerung des Rappers Sido in einem Interview mit der *Süddeutschen Zeitung* am 9.12.2011: Er plane, sich Waffen und einen Bauernhof in Österreich zu kaufen; den Hof, um den Untergang zu überleben, die Waffen, um ihn gegen nicht so vorausschauende Mitbürger zu verteidigen.

36 Diese Maxime stammt von dem französischen Staatstheoretiker Charles de Secondat, Baron de Montesquieu, der in seinem Hauptwerk *Vom Geist der Gesetze* schrieb:
»Le bien particulier doit céder au bien public.«
»Das Wohl des Einzelnen muss dem öffentlichen Wohl weichen.«

Der Slogan wurde auch von den Nationalsozialisten verwendet. »Gemeinnutz geht vor Eigennutz« war zudem auf dem Rand der Reichsmarkmünzen eingeprägt.

37 Die auch jedem Schimmelschleier Giftwirkungen unterstellt, während von 200 Schimmelpilzen höchstens einer schädlich ist und wir über die womöglich günstigen Wirkungen der 199 anderen nichts wissen.

38 »In March of 2009, the Willits localization group began issuing a paper currency, Mendo Credits, 100 % backed by specific quantities of grains and beans. Mendo Credits are backed by a tangible asset … that is, Mendo Credits are a reserve currency as opposed to a fiat currency like U.S. Federal Reserve dollars. Many people are familiar with money backed by gold, which was once the case with U.S. dollars, but Mendo Credits are backed by reserves of stored food.

Mulligan Books also backs its own branded currency with tangible assets: its inventory of 25,000 books. As a double insurance of safety, Mulligan Books also guarantees that it will always return $ 5 in U.S. dollars for a Mulligan branded $ 5 coin when requested.

Every time money changes hands within a community, it boosts the community's overall income and level of economic activity, and fuels the creation of jobs. The more times money changes hands within the community before heading elsewhere, the better off the community is. And spending money at a locally-owned business has a greater multiplier effect because they are more likely to respend their dollars locally.

By using Mendo Moola in trade – face-to-face, hand-to-hand – we are using money that never leaves our community as it does when using U.S. dollars and Credit Cards, thus facilitating additional exchanges in the local economy and making it possible to match unmet needs with unused resources. And unlike plastic and checks, the privacy of transactions remains private. The more it changes hands and the faster it circulates, the more local jobs, local businesses, and common wealth are created. $ 5 in Mendo Moola that changes hands 10 times in a month, is worth $ 50 in goods and services to the local economy. That's money being smart!« Zitiert nach: mendomoola.wordpress.com, 18.4.2011

39 Mehr Infos zu Regionalwährungen in Deutschland: http://www.regiogeld.de

40 Adressen im Internet, siehe www.offene-werkstaetten.org

41 So Andrea Baier, München 2011; info@offene-werkstaetten.org sowie www.offene-werkstaetten.org

42 Henry David Thoreau (1817–1862) war ein amerikanischer Lehrer, der sich mit den Schulen seiner Zeit überwarf, weil er die Kinder nicht schlagen wollte. Er schloss sich Ralph Waldo Emerson an und lebte zwei Jahre in einer selbst gebauten Holzhütte an einem See, worüber er das Buch *Walden* verfasste. Später wurde er durch einen Text über zivilen Ungehorsam bekannt; er verbrachte eine Nacht im Gefängnis, weil er seine Steuern nicht zahlen wollte, um einen seiner Ansicht nach ungerechten Krieg gegen Mexiko nicht zu unterstützen.

43 Vergleiche Wolfgang Schmidbauer: *Das kalte Herz. Von der Macht des Geldes und dem Verlust der Gefühle.* Hamburg (Murmann) 2011

44 Ernest Callenbach: *Ökotopia. Notizen und Reportagen von William Weston aus dem Jahre 1999.* Berlin (Rotbuch) 1978
Ders.: *Ein Weg nach Ökotopia.* Berlin (Ökotopia) 1983

45 »Nah ist / und schwer zu fassen der Gott. / Wo aber Gefahr ist, wächst / das Rettende auch.«

46 Manfred Milinski: »Reputation helps solve the ›tragedy of the commons‹«, in: *Nature* 415, S. 424–426 (2002) (mit D. Semmann und H.-J. Krambeck)

47 P. Goodman: *New York Rev. Books* 10 (8), 22 (23. Mai 1968)

48 Elinor Ostrom: *Was mehr wird, wenn wir teilen. Vom gesellschaftlichen Wert der Gemeingüter.* Herausgegeben, überarbeitet und übersetzt von Silke Helfrich, München (oekom) 2011, S. 22

49 Elinor Ostrom: *Was mehr wird, wenn wir teilen. Vom gesellschaftlichen Wert der Gemeingüter.* Herausgegeben, überarbeitet und übersetzt von Silke Helfrich, München (oekom) 2011, S. 23

50 Die Geburt eines Kindes ist in vielen modernen Gesellschaften die häufigste Ursache für eine Scheidung in den ersten fünf Ehejahren. Ostrom nennt diesen Grundsatz »Es gibt kein Patentrezept«. Vgl. Elinor Ostrom: *Was mehr wird, wenn wir teilen. Vom gesellschaftlichen Wert der Gemeingüter.* Herausgegeben, überarbeitet und übersetzt von Silke Helfrich, München (oekom) 2011, S. 77

51 »Das Meer stirbt, das Meer ist schon tot«, hat der französische Taucher Kommandant Jacques Cousteau in den 1970er Jahren gemahnt und ein völliges Erlöschen jedes Lebens im Mittelmeer angekündigt. Vgl. *Der*

Spiegel, 17/1991, »Verseuchte Strände, sterbendes Meer«. Solche düsteren Pauschalurteile beruhen nur scheinbar auf »Forschung«. Sie sind in Wahrheit aber Plädoyers, die Gefahr laufen, den Warner lächerlich zu machen und seiner Sache zu schaden, wenn die von ihm angekündigte Katastrophe nicht eintrifft.

52 Elinor Ostrom: *Was mehr wird, wenn wir teilen. Vom gesellschaftlichen Wert der Gemeingüter*. Herausgegeben, überarbeitet und übersetzt von Silke Helfrich, München (oekom) 2011, S. 58

53 Die Situation klingt ärger, als sie war. Die Prügelknaben erhielten eine gute Erziehung und blieben oft Freunde des Herrschers, der als Stellvertreter Gottes nicht angetastet werden durfte, aber als Feudalherr mit einem Untertanen litt, der ihm anvertraut war. William Murray, Whipping Boy für den späteren König Charles I., wurde von diesem 1643 zum ersten Earl of Dysart geadelt. Vgl. www.phrases.org.uk/meanings/whipping-boy.html, 28.10.2011

54 Die Originalforschung stammt von Raul Lejano und Helen Ingram; sie wurde 2007 in *Environment* veröffentlicht. Zitiert nach Elinor Ostrom: *Was mehr wird, wenn wir teilen. Vom gesellschaftlichen Wert der Gemeingüter*. Herausgegeben, überarbeitet und übersetzt von Silke Helfrich, München (oekom) 2011, S. 58

55 Elinor Ostrom: *Public Entrepreneurship: A Case Study in Ground Water Basin Management*. Ph. D. Thesis, UCLA 1965

56 Aus diesem ersten Impuls ist heute ein Netzwerk über die Erforschung der Gemeingüter entstanden, das international forscht und allgemein zugänglich publiziert. Siehe *International Journal of the Commons*, www.thecommonsjournal.org

57 Eine Fabel über das Kippen der Kind-Projektion in die Mutter-Projektion ist die von den Heinzelmännchen, die so lange eifrig für ihre »Kinder« sorgen, bis die so Versorgten Kleider für sie bereitlegen, somit selbst mütterliche Qualitäten entfalten und so den Eifer lähmen.

58 Elinor Ostrom: *Was mehr wird, wenn wir teilen. Vom gesellschaftlichen Wert der Gemeingüter*. Herausgegeben, überarbeitet und übersetzt von Silke Helfrich, München (oekom) 2011, S. 34

59 Von R. Klanten et al.: *My Green City: Back to Nature with Attitude and Style*. Berlin (Gestalten) 2010; vgl. auch Christa Müller (Hrsg.): *Urban Gardening. Über die Rückkehr der Gärten in die Stadt*, München

(oekom) 2011, und Richard Reynolds: *Guerilla Gardening: Ein botanisches Manifest*, München (oekom) 2009

60 Daniela Kälber (2011): »Urbane Landwirtschaft als postfossile Strategie. Agricultura Urbana in Kuba«, in: Christa Müller (Hrsg.): *Urban Gardening. Über die Rückkehr der Gärten in die Stadt*. München (oekom) 2011, S. 279 f.

61 Sackbeete sind mit Erde oder Kompost gefüllte Plastiktüten, Zucker- oder Getreidesäcke, in die Löcher gestochen und Setzlinge gepflanzt werden. Damit kann jeder Balkon, jedes Garagendach genutzt werden.

62 Ester Roycroft-Boswell: »Cubas Organic Perspectives«, in: *New Directions Magazine*, 2001, zitiert nach ove-enquiry@hdra.org.uk

63 David Montgomery: *Dreck. Warum unsere Zivilisation den Boden unter den Füßen verliert*. München (oekom) 2010

64 Hans Christoph Binswanger: *Geld und Magie. Eine ökonomische Deutung von Goethes Faust*. Hamburg (Murmann) 2003, S. 55

65 Ausgeführt in Wolfgang Schmidbauer: *Das kalte Herz. Von der Macht des Geldes und dem Verlust der Gefühle*. Hamburg (Murmann) 2011

66 Ich überspringe hier die komplizierte Geschichte der Sperrklinken in der kulturellen Evolution, die mit dem Grundbesitz begonnen hat. Erst Geld ermöglicht die emotionalen Geißeln des Fortschritts: die Vermischung von Spiel und Ernst im »Spiel« um Geld, Schuldenmachen, Spekulation, Derivate, deren emotionale Basis ebenso wie im Spiel um Geld die Wette ist.